Hans-Jürgen Louven
„Hans-Jürgen, das Lamm ist da!"

Hans-Jürgen Louven

„Hans-Jürgen, das Lamm ist da!"

Als Gastarbeiter in der Türkei

HERDER

FREIBURG · BASEL · WIEN

Umschlaggestaltung:
Agentur RME Roland Eschlbeck und Rosemarie Kreuzer
Umschlagmotive: © Designbüro gestaltungssaal, Sabine Hanel

Satz: Layoutsatz Kendlinger, Freiburg
Herstellung: fgb · freiburger graphische betriebe
www.fgb.de

Printed in Germany

ISBN 978-3-451-30442-2

Ich widme dieses Buch dem,
der den frühen Tod meines Vaters
mehr als ausgeglichen
und mich bis auf diesen Tag
treu begleitet hat.

Inhalt

„Ich dachte, du seist verrückt" – oder: wie es dazu kam ...

Der langgezogene und durchdringende Ruf des Muezzins unter-
brach meinen tiefen Schlaf und die morgendliche Stille der türki-
schen Kleinstadt. Das sich oftmals wiederholende Allahu akbar legte
sich erneut fast wie ein Schleier auf die Häuser der mich umgeben-
den Altstadt. Noch etwas verschlafen und erste, noch wenig kontrol-
lierte Gedanken sammelnd drehte ich mich in meinem für fast 1,90
Meter Körpergröße etwas zu kurzen Bett auf die Seite. Durch das
kleine Fenster neben meinem stählern-kalten Bettgestell drangen
noch keine Lichtstrahlen. Es musste noch früh am Morgen sein. Ir-
gendwann in der Nacht müssen die unten im Cafe und in der neben-
liegenden Gasse redenden und spielenden Männer den Weg nach
Hause und ins Bett gefunden haben. Noch hatte ich mich nicht an die
langen Abende hier in Asien gewöhnt. Erste Geräusche in den umlie-
genden Häusern und auf dem Weg zur nahen Moschee zeigten, dass
nun doch einige Menschen dem noch immer über der Stadt liegenden
Ruf des Muezzins Folge leisteten. Meist waren es ältere Männer, die
ich auf der gegenüberliegenden Straße ausmachen konnte. Manche
trugen die früher noch mehr als heute verbreitete Kopfbedeckung
religiöser Muslime. Nach einigen Minuten der stillen Beobachtung
drehte ich mich auf die dem Fenster entgegengesetzte Seite meines
Bettes. Die dünne Decke versuchte ich dabei so gut es ging mitzuneh-
men. Am späten Abend hatte ich diese zum Einschlafen eigentlich
nicht gebraucht, nun aber war es hier auf ca. 600 Meter Höhenlage
doch ziemlich abgekühlt. Unvermittelt blickte ich nach meiner Dre-
hung auf das hagere Gesicht eines mir unbekannten Mannes im
zweiten von drei Betten des kleinen Hotelzimmers. Der ca. 50-Jäh-
rige trug einen langgezogenen, tiefschwarzen Schnurrbart und
schien von dem immer noch laut ertönenden Ruf des Muezzin wenig
beeindruckt. Seine regelmäßigen und tiefen Atemzüge zeugten von
einem sehr guten Schlaf. Die von der Sonne gegerbten und markan-
ten Gesichtszüge des offensichtlich einheimischen Mannes waren mir
zugewandt. Obwohl der junge Portier des kleinen Hotels mir zu ver-
stehen gegeben hatte, dass ich mit anderen Übernachtungsgästen in

meinem Zimmer rechnen müsse, war ich leicht irritiert. Wie sollte ich diesem mir fremden Mann nach dessen Aufwachen begegnen, zumal meine Türkischkenntnisse noch mehr als bescheiden waren? Würde mir jemand bei der Verständigung helfen können, wenn er und ich nicht miteinander zurechtkommen sollten? Wie wird dieser Mann reagieren, wenn er bemerkt, dass er einen jungen deutschen Touristen zum Zimmergenossen hat? Auf der anderen Seite wollte ich ja gern den Kontakt zu Einheimischen suchen und meine Türkischkenntnisse verbessern. Aber so nah wollte ich dem Orient am Anfang nun doch nicht kommen. Langsam drehte ich mich wieder in meine ursprüngliche Rückenlage. Ich versuchte meine Gedanken zu sammeln und mich zu orientieren. Einzelne Stationen des bisherigen Weges hierher in den Südwesten der Türkei zogen an mir vorbei…

Mit einer größeren Reisegruppe hatten wir uns vor ca. 10 Tagen von Deutschland aus mit einem komfortablen Reisebus auf den Weg Richtung Süden gemacht. Unsere erste Station führte uns nach Griechenland, wo wir miteinander eine gute Zeit verbrachten und auch einige der Einheimischen kennenlernten. Weiter ging es von dort über die Großstadt Thessaloniki und lange Küstenstraßen in Richtung Istanbul, der großen türkischen Metropole am Bosporus. Wir waren überwältigt von dem uns bislang unbekannten orientalischen Flair der Stadt und ihrem regen Treiben in vielen Facetten des nun bereits asiatischen Erdteils. Ich hatte zum ersten Mal in meinem Leben asiatischen Boden betreten, und es war geplant, von hier aus in kleineren Gruppen in verschiedene Teile des großen Landes weiterzureisen. Mit vier anderen jungen Männern ungefähr meines Alters machten wir uns auf in den südwestlichen Teil der Türkei. Hier liegen u.a. solch bekannte Badeorte wie Bodrum, Marmaris und Fethiye. Erste Station sollte dabei Mugla, die Hauptstadt der gleichnamigen Provinz sein – eine Kleinstadt mit damals ca. 50.000 Einwohnern und einem weit über die Stadt hinaus bekannten großen Wochenmarkt. Eine für unsere Begriffe mit ca. 12 Stunden sehr lange Busfahrt führte uns vorbei an sehr alten, biblischen Orten (u.a. Smyrna und Ephesus). Von der Fahrt noch recht benommen, versuchten wir uns am kleinen Busbahnhof der Stadt Mugla zu orientieren. Zwei türkische Männer bemühten sich, uns dabei mit einfachen, englischen Ausdrücken zu helfen. Sie begleiteten uns auch in den weiteren Tagen unseres Aufenthalts und waren eine wirkliche Hilfe. Wir selbst hatten vor unserer Reise versucht, einige Basic-Ausdrücke des Türkischen zu lernen, waren aber in manchen Situationen doch recht hilflos und überfordert. Mit Hilfe unserer neuen Freunde fanden wir sehr schnell eine günstige Pension, inmitten einer sehr schönen Altstadt über einigen kleinen Geschäften und einem der unzähligen Straßen-Cafes gelegen. Türkay, der junge Portier und gleichzeitig Nachtwächter der Pension, zeigte uns eines der größeren Zimmer, in dem wir als kleine Gruppe gemeinsam Platz finden konnten. Nachdem wir unsere Rucksäcke und die wenigen Sachen verstaut und die nötigen Anmeldeformalitäten erledigt hatten, machten wir uns wenig später auf, die neue Umgebung zu erkunden. Hier in Mugla merkte man erneut deutlich, dass wir den Erdteil gewechselt hatten. Das Miteinander der Menschen, die kleinen Geschäfte und Läden, das Rufen der Muezzins und einfach das Flair der Stadt waren durchweg orientalisch geprägt. Wir erfuhren u.a., dass es nicht weit sei zu einer sehr schönen Meeresbucht mit einem netten, kleinen Städtchen.

Am nächsten Tag schon nahmen wir einen der vielen Kleinbusse dorthin und vorbei an kleinen Orten, und auf einer malerischen Küstenstraße gelangten wir von der Hochebene in die Bucht von Akyaka. Wir verbrachten einen abwechslungsreichen und schönen Tag dort, das Meerwasser war im August so warm, wie ich zuvor noch keines kennengelernt hatte. Hier und da gelang uns auch bereits der Kontakt zu einigen der Einheimischen, die uns jeweils mit großer Freundlichkeit begegneten. Am Abend machten wir uns auf den Weg zurück in „unsere" Stadt und durften sogar mit einem der komfortablen Reisebusse fahren, der unplanmäßig für uns am Wegrand anhielt. Bereits auf der Rückfahrt fühlte ich mich jedoch nicht ganz wohl – ein Gefühl, das auch am nächsten Morgen anhielt.

Fieber setzte ein und irgendetwas hatte in meinen Körper Einzug gehalten, was dort nicht hingehörte. Ich hatte zwar, so wie uns zuvor geraten wurde, zur „Desinfizierung" viel „Ayran" (ein türkisches Nationalgetränk mit Joghurt und Salz) getrunken, aber mein Körper vertrug vielleicht dennoch nicht auf Anhieb die nicht geringe Klima- und auch Nahrungsmittelumstellung. Mit Fieber ging bei mir schon von Kind an oftmals ein großflächiger Hautausschlag einher, der sich auch jetzt schon mit einigen Rötungen ankündigte. Nun war äußerste Vorsicht geboten, ich wusste, was das zu bedeuten hatte. Würden Fieber und Hautausschlag nicht zurückgehen, bedeutete dies eine mehrtägige Bettruhe, begleitet von einem unangenehmen Jucken und Nässen der Haut. „Nicht jetzt", dachte ich mir, doch mein bereits geschwächter Körper konnte sich wohl nicht ohne Fieber gegen die ihm unbekannten Keime wehren. Auch die Rötungen nahmen zu und wurden langsam zu den mir allzu bekannten wässrigen Pocken. An eine Weiterfahrt, wie wir sie als Gruppe geplant hatten, ließ sich so keinesfalls denken. Im Wissen um die Progression der Krankheit und deren langwierigen Verlauf machte ich einen ersten Versuch, meinen Mitreisenden zu erklären, dass ich nun über mehrere Tage in dieser Pension bleiben müsse. Im gleichen Zusammenhang schlug ich ihnen vor, sich aber dadurch in ihren weiteren Reiseplänen nicht einschränken zu lassen. Dies wurde von ihnen zunächst abgelehnt, erschien aber nach meinen anhaltenden Zusicherungen um meine eigene Sicherheit und der Fürsorge unserer neuen türkischen Freunde immer mehr als eine ernstzunehmende Option. Ich wollte auf keinen Fall unserer kleinen Gruppe ein Klotz am Bein sein und fand es persönlich auch nicht abwegig, für einige Tage allein zurückzubleiben. Letztlich willigten die anderen ein, wir tauschten mögliche Kommunikationsmittel aus (wir waren noch nicht im Handyzeitalter), und die nun um ein Mitglied dezimierte Kleingruppe machte sich am nächsten Morgen auf den Weg in eine andere Provinzstadt.

Wirklich kümmerten sich meine neuen türkischen Freunde in den nächsten Tagen rührend um mich. Sie konnten das

Weiterreisen meiner Gefährten überhaupt nicht verstehen und brachten dies trotz meiner eigenen Zusicherungen immer wieder zum Ausdruck. Hier begegnete ich wohl zum ersten Mal deutlich dem völlig anderen Denken einer beziehungsorientierten Gesellschaft. Türkay, der Wächter der kleinen Pension, war ebenfalls sehr auf mein Wohl bedacht und versuchte wo möglich mir ein Einzelzimmer zu bewahren. Inzwischen war ich in ein wesentlich kleineres Zimmer der Pension mit nur drei Betten umgezogen. Wie ich jetzt in einigen holprig-englischen Gesprächen von Türkay erfuhr, war er hier durch den Besitzer der Pension, seinen Onkel, angestellt und ansonsten ein Student der kleinen Fachhochschule in der Stadt. Wir verbrachten manche Zeit miteinander, oft musste ich aber aufgrund meines jetzt bereits weitflächigen Hautausschlages das Zimmer hüten und liegen. Während dieser manchmal stundenlangen, ungewollten und von mir auch nicht beabsichtigten Ruhezeiten kamen mir ungeplant, aber immer wiederkehrend Gedanken im Blick auf eine mögliche Zukunft hier in der Türkei in den Sinn. Das Land gefiel mir. Die Menschen und ihr auf Beziehung orientiertes Miteinander, das orientalische Flair, die kleinen Straßen mit ihren unzähligen Geschäften und Begegnungsmöglichkeiten, das warme, aber nicht feuchte Klima und andere Bereiche des täglichen Lebens kamen mir entgegen. Auch wenn ich zu Beginn diesen Gedanken vielleicht nicht viel Beachtung schenkte, kehrten sie immer wieder und nahmen im Verlauf der Tage immer konkretere und für mich auch realistischere Formen an. Ich war ausgebildeter Diplomsportlehrer mit einer im europäischen Kontext guten Ausbildung an der Deutschen Sporthochschule in Köln. Auch ließe sich meine im Anschluss an das erworbene Diplom getätigte theologische Zusatzausbildung in einem ehemals kulturell christlich geprägten Umfeld wie der Türkei mit manchen Hinterlassenschaften der ersten christlichen Gemeinden durchaus sinnvoll einbringen. Es wuchs in mir der Gedanke, mit einem kleinen Team von zukünftigen Mitarbeitern im Südwesten der Türkei eine Art Sportpension zu führen – allerdings mit etwas mehr Komfort und Bewegungsmöglichkeit als ich es in diesen Tagen hier in meinem kleinen Zimmer erfahren konnte …

Die Abreise von Mugla fiel mir dann nach der Genesung und einem herzlichen Abschied von unseren türkischen Freunden nicht leicht und ich hatte es bereits auf dem Herzen, in einer absehbaren Zeit an diesen netten, kleinen Ort zurückzukehren. Zurück in Deutschland, erzählte ich manchen Freunden und Bekannten von den Eindrücken meiner Reise in den Orient. Es war wohl auch ein Stück meine spürbare Begeisterung, die in den folgenden Jahren immer wieder dazu führte, dass ich mit kleinen Freundesgruppen jeweils im Sommer in die Türkei zurückkehrte. Die Stadt und gleichnamige Provinz Mugla war dabei ein von mir sehr bevorzugtes Ziel. Meist stiegen wir dabei auch in unserer kleinen Pension ab und es entwickelte sich eine herzliche Freundschaft zu der Stadt und einigen ihrer Menschen.

Es war dann jedoch noch ein längerer Weg bis zur Verwirklichung dieser Gedanken, die für mich ungeplant während meiner Krankheit und der damit verbundenen stillen Stunden geboren wurden. Einige der Mitreisenden der folgenden Sommertouren in das mögliche Arbeitsgebiet schienen anfangs ähnlich wie ich von der Idee angetan, doch immer wieder war es dann für den einen oder anderen ein zu gewagter Schritt ins Ungewisse oder einfach nicht der richtige Zeitpunkt. Jemanden, für den es dann aber wirklich dran war, lernte ich 1992 in Vorarlberg/Österreich kennen. Es war eine junge, österreichische Frau, die in einem kleinen Ort nahe der Alpen und der Provinzstadt Feldkirch aufgewachsen war. Sie hieß Renate, lernte gerade Türkisch und wurde … meine Frau. Schon bei unserer ersten Begegnung im Haus von gemeinsamen Freunden merkten wir, dass wir manche gemeinsamen Erfahrungen in unser beider Vergangenheit hatten. So waren wir beide z.T. bei unseren Großeltern aufgewachsen, hatten eine tiefere Beziehung zu diesen und waren durch verschiedene Umstände in jüngerer Vergangenheit immer wieder mit Türken und der Türkei in Berührung gekommen. Renate arbeitete als Krankenschwester in der HNO-Abteilung des Krankenhauses

Feldkirch und hatte hier immer wieder Kontakt zu türkischen Patienten. Sie ist sehr offen und kommunikativ und schon bald hatte sie einen beständig wachsenden türkischen Freundeskreis in Vorarlberg. Nachdem sie bereits zuvor mehrmals eingeladen worden war, nahm sie letztlich eine weitere Offerte an, mit einem ganzen Bus voller türkischer Gastarbeiter in die Türkei zu fahren und diese in ihre Heimatstädte zu begleiten. Später erzählte sie mir, dass sie sich zunächst nach ihrer ersten Nacht in der Türkei „wie auf dem Mond" vorgekommen sei. Am Morgen wach geworden, sei sie von mehreren um ihr Bett stehenden Frauen fast wie ein außerirdisches Wesen bestaunt worden und hätte dann erst einmal eine Zeit gebraucht, sich auf die anderen Verhältnisse und die neuartige Kultur umzustellen. Dieser ersten Reise in die Türkei folgten weitere und auch in Renate wuchs damals der Gedanke, sich ein Leben in Asien vorstellen zu können. Nur stellte sie sich dies als alleinstehende Frau eher schwierig vor und hatte auch Angst, den oftmaligen Versuchen ihrer gut meinenden türkischen Freunde, sie mit einem der zahlreichen türkischen Verwandten zu verheiraten, nicht mehr genug widerstehen zu können. Da kam unsere denkwürdige Begegnung damals in Österreich wohl zum rechten Zeitpunkt. Am 7. Mai 1993 heirateten wir standesamtlich in Satteins, dem Geburtsort von Renate. Einen Tag später feierten wir mit vielen Freunden aus Österreich, Deutschland, der Schweiz und anderen Ländern unsere kirchliche Hochzeit im Gemeindehaus einer freien evangelischen Gemeinde in der Schweiz. In einem Nebenraum war ein prächtiges, internationales Buffet aufgebaut und an der Wand hingen die deutsche, die österreichische und auch eine türkische Flagge. Viele unserer Freunde wussten bereits um unsere Zukunftspläne …

Teil 1:

Die Anfänge –
zu zweit im Orient

1. Ismail & Co – unsere neue Familie

Abgefahren

Nicht zu laut, aber penetrant und aufdringlich holte mich der Wecker aus dem Schlaf. Ich versuchte meine Gedanken zu sortieren. Ja, dies ist der Tag. Er ist wirklich gekommen. Der Tag unserer Abreise in ein neues Leben. Was lange geplant war, wird nun Ernst und Wirklichkeit. Abschied von unserem Kulturkreis, von Familie und Freunden. Aufbruch in das immer noch Fremde, zum Teil Ungewisse. Demnächst wird es neben dem Wecker oder sogar vor ihm der Muezzin sein, der uns aus dem Schlaf holt. Die Menschen um uns herum werden anders reden und denken, für unser Verständnis merkwürdige Dinge tun. Werden sie unsere Freunde sein können? Und unser Kinderwunsch? Wird unser Kind dann in Asien, im Orient mit uns glücklich werden können? Meine Frau und so Gott will zukünftige Mutter unserer Kinder schläft noch. Wie wird es ihr als Frau in unserer neuen Heimat ergehen? Obwohl bereits so lange voraus geplant, bewegen mich solche Gedanken an diesem frühen Morgen. Eigentlich ist es ja fast noch Nacht. Unsere Freunde wollten uns früh hier in unserer Vorarlberger Herberge abholen. Ich bin selbst überrascht, diesen Abschied noch einmal so bewusst zu erleben. Langsam, aber entschieden begebe ich mich aus dem Bett. Schon die nächste Nacht würden wir auf dem Schiff verbringen. Das Schiff, das uns in den Orient bringt. Ich begebe mich ins Bad. Auch sollte ich Renate wecken. In dieses Abenteuer wollten wir zu zweit gehen. Die ersten Vögel begannen draußen ihr kleines Morgenkonzert. Welche Vögel wir wohl demnächst in der Türkei hören werden? Werden wir überhaupt welche hören …?

Nach unserer bereits multikulti unterlegten Hochzeit dauerte es dann aber doch noch eine Weile bis zum Wechsel der Kontinente. Wenn es nur nach mir gegangen wäre, dann hätten wir vielleicht noch im gleichen Jahr unsere Ausreise getätigt, aber für ein frisch verheiratetes Paar war es wohl gut, sich zunächst erst einmal in der eigenen Kultur etwas besser kennenzulernen. So rieten auch einige Freunde. Es wurde uns in der Folge auch nicht langweilig. Schließlich galt es, zwei verschiedene Familien und Freundeskreise zu verbinden, praktische Vorbereitungen zu treffen und auch den Lebensunterhalt in etwa zu sichern. War ich bislang noch über einen Verein angestellt, musste man sich Gedanken über ein finanzielles Auskommen für die erste Zeit in der Türkei machen. Das Leben dort würde zwar verglichen mit Europa nicht so teuer sein, aber in der ersten Zeit wollten wir dem Sprach- und Kulturerwerb im Land Priorität und Zeit geben. Ohne diesen würde eine Zukunft in Asien schwierig werden, das war sicher. Geholfen hat uns da u.a. das kleine Reihenhaus, das ich von meinen Großeltern übernommen hatte und das durch die eingehende Miete ein relativ sicheres Einkommen darstellte. Auch hatten wir einiges erspartes Geld, Renate war ja auch zuvor lange berufstätig gewesen und hatte begonnen, für eine eigene Wohnung zu sparen. Etliche gute Freunde solidarisierten sich mit uns.

Es nahte sich dann der Tag der geplanten Ausreise. Ein alter Studienfreund fuhr mit seiner Familie im gleichen Sommer mit dem Wohnmobil in Richtung Türkei und nahm schon mal einen großen Teil unserer Sachen mit. Wir selbst wollten dann mit dem Zug und der Fähre in unsere neue Heimat reisen. Ich erinnere mich, wie anfangs beschrieben, an das Aufwachen damals in Österreich vor unserer Abfahrt am frühen Morgen. Nun stand der Abschied von Europa wirklich vor der Tür, Freunde und Heimat würden nun verlassen werden. Jetzt würde das wahr werden, was man zuvor nur bedacht, aber noch nicht gelebt hatte. Dies ist anders als ein Urlaubsflug mit Rückfahrtschein! Mit dem genannten österreichischen Ehepaar ging es zunächst über die Berge bis zu einem Bahnhof auf der Schweizer Seite. Dort bestiegen wir unseren Zug nach Venedig und hier die große Fähre der Turkish Maritime Lines Richtung Marmaris/Türkei. Drei Tage und drei Nächte sollten wir nun auf dem Schiff verbringen. Die Ausfahrt aus dem Hafen in Venedig war dann nochmals ein besonderer Ausblick. Vorbei an den Häusern der Stadt und ihren vielen Kirchen, auf dem Weg gen Asien. Da kommen Gefühle hoch. Die drei Tage auf dem Schiff gaben uns Zeit zur Reflexion und Ausrichtung. Ich würde jedem das Schiff empfehlen, der für eine längere Zeit in eine andere Kultur ausreist! Die Reise führte uns vorbei an Albanien und Griechenland, die Fahrt durch den Kanal von Korinth war ein ganz besonderes Erlebnis. Letztlich nahte sich das Schiff unserem Ziel: Marmaris an der Süd-West Spitze der Türkei. Mit unserem doch recht schweren „Handgepäck" von mehreren Taschen ging es durch den Zoll zu den uns bereits erwartenden Freunden. Für das Wohnmobil hatten sie einen guten Zeltplatz in einer schönen Bucht gefunden. Hier verbrachten wir zunächst einige Tage der Anpassung. Das Schwimmen in der Bucht habe ich so lange genossen, bis einige Taucher uns Bilder von Haien zeigten, die in der Nähe der Bucht ihr Revier hatten. Es seien aber solche, die für Menschen überhaupt nicht gefährlich seien, versicherten sie uns. Etwas, was uns dann auch in Antalya begleiten sollte, war das abendliche Besprühen des Zeltplatzes mit einem speziellen Dieselregen. Dieser wurde verwendet, um den nach Sonnenuntergang hervorkommenden Mückenschwärmen Herr zu werden, ein Unterfangen, das auch in den großen Städten oft gebraucht wird. Während unsere türkischen Nachbarn später bei solchen umherfahrenden Sprühfahrzeugen das Fenster öffneten, um auch innen die Mücken zu vertreiben, schlossen wir ob des Gestanks schnell alles in unserer Wohnung. Ja, nicht nur hier waren und sind wir anders als die anderen…

Doch unser eigentliches Ziel war ja zunächst Antalya. Wir hatten beschlossen, uns in dieser größeren Stadt für die erste Zeit niederzulassen und erst dann nach Mugla zu ziehen. Antalya und Mugla sind Nachbarprovinzen, aber doch mehrere Busstunden voneinander entfernt. Warum Antalya? Nun, hier wohnten bereits zu dieser Zeit auch im Winter manche Ausländer und man war für den Anfang nicht ganz so „verloren" in einer fremden Kultur. Ein weiterer wichtiger Grund war der Wunsch, die ersten großen und unweigerlich kommenden kulturellen Fehler nicht dort machen zu wollen, wo man später fest wohnen würde. Die türkisch-orientalische Kultur ist einfach so anders, dass es nicht ohne das Treten in Fettnäpfchen abgehen würde, das war uns sehr bewusst. In der damals schon recht großen Stadt versuchten wir uns zunächst zu orientieren. Schweizer Freunde, die hier bereits länger lebten und arbeiteten, waren uns am Anfang eine große Hilfe. Über sie bekamen wir eine Bleibe für die ersten Tage und später stellten sie uns auch einer Familie vor, bei denen wir in den nächsten Wochen mit wohnen konnten. Auch über diese Option hatten Renate und ich zuvor gesprochen, und wir nahmen uns vor, in unserer ersten Zeit mitten in einer türkischen Familie zu leben. Dieses, so dachten wir und auch andere, würde uns helfen können, einen guten Einstieg in die uns fremde Kultur und Sprache zu haben. Wir wollten von Anfang an mitten drin sein und mit den Einheimischen leben, von ihnen lernen. Vieles von dem, was jetzt kam, konnten wir in keiner Weise absehen oder groß vorausplanen. Wir mussten uns nun in dieses Abenteuer fallen lassen. Wir tauchten ein in unsere neue, türkische Familie …

Unsere neue Familie

Schon einige Male zuvor hatte Ismail Interesse an meinen morgendlichen Runden im nahen Park gezeigt. Gestern tat er nun auch vor seiner noch jungen Familie kund, dass er mich denn mal begleiten wolle. Wir hatten uns gleich für heute Morgen verabredet. Ich trat aus unserem Zimmer in das kleine Bad und begann mich wie üblich nass zu rasieren. Inzwischen kam auch in das Nachbarzimmer Bewegung. Ismail sah nicht gerade taufrisch aus. Zu solch früher Stunde, und dann noch sportliche Bewegung, das muss für einen türkischen Mann ein arges Opfer sein. Aber es schien meinen neuen Freund doch zu interessieren. Joggen im Park gehörte zu dieser Zeit noch nicht zur türkischen Freizeitkultur … Leise, um die anderen nicht zu wecken, schlossen wir die Haustür hinter uns und betraten den wie immer etwas nach Schimmel riechenden Flur des Hauses. Eine angenehme Kühle empfing uns draußen auf der Straße. Noch war die Sonne nicht über den Häuserschluchten der Großstadt aufgegangen. Schon bald würde dies anders werden und ein erneut feucht-heißer Sommertag unseren Kreislauf herausfordern. Der frühe Morgen war im Sommer bis auf die Nachtstunden die ziemlich einzige mögliche Zeit zur sportlichen Betätigung im nahegelegenen Park. Bald würde die Großstadt zu neuem Leben erwachen und Antalya sich in die für diese Jahreszeit fast tropische Waschküche verwandeln. Ismail und ich gingen einige Meter, dann bedeutete ich meinem türkischen Freund mit einfachen Worten und von Gesten unterstützt, dass wir uns langsam in Bewegung setzen können. Bald gelangten wir an die Hauptstraße, überquerten diese und begaben uns auf den nun kleineren Weg in den Park. Ich mochte diesen von Palmen und einigen Grünanlagen gezierten Park. Besonders am Morgen war es noch angenehm still und etwas kühler als in den Häuserschluchten der Stadt. Auch hatte die Nähe zum Meer etwas für sich und am Ende unserer zunächst geraden Strecke hatte man einen freien Blick auf das Mittelmeer und die vor wenigen Monaten noch schneebedeckten Berge. Ismail hielt bis hierhin noch recht gut mit, verlangte aber seinem untrainierten Körper schon jetzt einiges ab. Reden konnte er während des Laufens nun nicht mehr, dazu war sein Atem zu unregelmäßig. Wir machten eine kleine Gymnastikpause und ich machte Ismail einige Übungen zur Lockerung der Bein- und Rumpfmuskulatur vor. Für die wenigen anderen Menschen im Park muss dieses Bild vom großgewachsenen Europäer und seinem nun wieder in langsamem Tempo neben ihm trabenden türkischen Freund etwas merkwürdig gewesen sein. Ismail konnte jetzt immer weniger verbergen, dass ihm das Schritthalten schwer fiel. Wir machten eine weitere kleine Pause und begaben uns langsam auf den Rückweg. Die ersten warmen Sonnenstrahlen fielen auf unsere nun bereits gut erhitzten Körper. Den Rest des Weges gingen wir nebeneinander. Mein Türkisch war noch zu schwach, um eine weitreichendere Unterhaltung zu führen. Mein neuer türkischer Freund betrat als Erster wieder die Wohnung. Ich weiß nicht, wie es ihm an seinem weiteren Arbeitstag ging. Es blieb jedenfalls bis heute unsere einzige Verabredung zum morgendlichen Jogging …

Es muss für unsere neue Familie ebenso spannend und merkwürdig gewesen sein wie für uns selbst. Da standen sie nun, um uns vor dem Eingang des fünfstöckigen Apartmenthauses zu empfangen: Ismail, der Hausvater; seine Frau Hafize und ihre

Tochter Ayse. Eine kleine und noch junge türkische Familie, die bereits über längere Zeit mit unseren Schweizer Freunden bekannt war. Sie waren übereingekommen, uns für einen in unseren Augen recht geringen wöchentlichen Betrag mit in ihrem Haushalt leben zu lassen. Freundlich, vielleicht auch etwas unsicher, blickten sie uns an und führten uns in ihre kleine Wohnung im Erdgeschoss des Apartmenthauses. Uns wurde der sogenannte „Salon" als Wohnraum zugewiesen. Der Salon ist in türkischen Wohnungen das Besucher-Wohnzimmer. Es wird in der Regel nur dann genutzt, wenn sich Besuch angesagt hat, mit dem man einen schönen Abend verbringen will. Der Salon hat meistens die schönsten Möbel im Haus und ist auch so etwas wie ein Schmuckstück zum Vorzeigen. Dementsprechend luxuriös sah unser Zimmer auf den ersten Blick aus und wir waren dankbar für diesen guten Einstieg. Ismail und Hafize bemühten sich sehr, uns die ersten Stunden in ihrer Wohnung angenehm zu gestalten. Bald schon lernten wir dann auch die erweiterte Familie kennen, die auch im gleichen Haus wohnte und ebenfalls einen sehr freundlichen Eindruck machte. Allen voran war Abdurrahman Amca (Onkel Abdurrahman), der offensichtlich dem ganzen Clan vorstand. Seine Frau, Fatma Teyze (Tante Fatma) begrüßte uns ebenfalls mit einem freundlichen Lächeln. Neben ihnen waren ihre z.T. schon erwachsenen drei Söhne: Ömer, Arif und Ugur. Ömer war bereits verheiratet und bewohnte im Haus eine eigene Wohnung. Damit hatten wir bereits unsere Bezugspersonen für die nächste Zeit kennengelernt. Diese Großfamilie hatte uns sozusagen adoptiert, sie hatte uns nicht nur ihr Haus geöffnet, sondern war fortan für uns zuständig und in ihren Augen verantwortlich. Wie viel Bedeutung wir für diese Familie durch unseren Zuzug gewonnen hatten, lernten wir erst später nach und nach kennen.

Zu Beginn war unsere Beziehung zu unserer neuen Familie natürlich durch unsere fehlenden bzw. sehr mageren Sprachkenntnisse sehr eingeschränkt. So konnten wir uns nur durch einfache Worte und Gesten verständigen. Ismail bemühte sich, uns bei den ersten gemeinsamen Mahlzeiten erste Worte bei-

zubringen: Kasik (Löffel), Catal (Gabel), Bicak (Messer)…
Gerne nahmen Ismail und Hafize, später auch andere Mitglieder der Großfamilie uns mit hinein in die nötigen Dinge des täglichen Lebens. Ich möchte diese erste Zeit in Antalya mit ihren wertvollen Erfahrungen und auch Überraschungen nicht missen. Die abwechslungsreichen Mahlzeiten, die ersten Abende zusammen mit unserer neuen Familie, das Zusammensitzen in der Großfamilie, der gemeinsame Besuch der für uns ersten türkischen Hochzeit… Es gab so vieles zu lernen und allein davon, den Menschen zuzuschauen, konnte man viel profitieren. Es ist wohl nur richtig, dass Menschen in einer für sie neuen Kultur zunächst einmal nur Zuschauer sein sollten. Wie viel können wir doch durch ein zu schnelles Reden in einer fremden Umgebung kaputtmachen, denke ich mir. Wir waren so genötigt, erst einmal viel von den Einheimischen zu lernen. Hafize bot Renate an, ihr beim Kochen zu helfen und so die türkische Küche kennenzulernen, und ich wurde von Ismail eingeladen, ihn zu seinem Arbeitsplatz zu begleiten. Ismail war selbständig und führte ein kleines Bekleidungsgeschäft nahe dem Zentrum der Stadt. Hier verbrachte er die meiste Zeit des Tages wie auch die anderen berufstätigen Männer in der Türkei. Das Haus ist tagsüber Reich der Frau, hier empfängt sie andere Frauen zum gemeinsamen Reden, Kochen und manchmal Feiern. Der Mann ist dann unerwünscht. Er hat seinen Platz bei der Arbeit, und wenn er eine solche nicht hat, sitzt er mit anderen Männern im Café. An diesem Punkt ist die türkische Gesellschaft, auch in den modernen Großstädten, recht strikt. Jeder hat seinen Platz. Von daher wäre es für Hafize recht ungewohnt gewesen, wenn ich als Mann tagsüber in ihrer Wohnung gewesen wäre. Wenn auch Renate nicht da war und Hafize mit mir allein, zog sie sich recht bald zu ihren Verwandten nach oben zurück. Alles andere wäre ein Grund zum Tratsch unter den Nachbarn und Schande gewesen. Mit Ismail verbrachte ich manche Stunden an seinem Arbeitsplatz. Er stellte mir seine Freunde vor, etliche von diesen führten wie er kleine Geschäfte in der Nachbarschaft. Im Sommer aßen wir oft Wassermelone vor seinem

Geschäft und teilten sie mit anderen Männern um uns herum. Manchmal, aber eher selten, erschien Kundschaft. Dann zog ich mich etwas zurück. Ich denke, das Geschäft reichte Ismail und seiner Familie gerade so zum Auskommen. Zu Beginn unserer Zeit versuchte ich mit Ismail als Sprachhelfer in seinem Geschäft auch etwas Türkisch zu lernen. Doch schon bald merkte ich, dass dies nicht der richtige Ort sein konnte und dass ich mich nach jemand anderem umsehen sollte. Schließlich war für unsere Zukunft in diesem uns jetzt schon etwas mehr vertrauten Land eine gute Sprachkenntnis ein sehr wichtiger Schlüssel.

„Mir fehlen die Worte" – Sprache lernen ohne Buch

Nur langsam bewegte sich der inzwischen gut mit Fahrgästen gefüllte Dolmus-Kleinbus durch die Straßen der Stadt. Während die Erwachsenen auf den wenigen Sitzplätzen Platz genommen hatten, standen etliche Kinder in ihren verschiedenen Schulkleidern im Gang des kleinen Fahrzeuges. Noch immer betraten an einzelnen Haltestellen weitere Fahrgäste den Bus und die Kinder rückten weiter zusammen. Unter den Hinzukommenden war auch ein von seinem Aussehen und einem etwas unsicheren Verhalten gekennzeichneter Ausländer. Nach einem ersten interessierten Aufmerken der anderen Fahrgäste wurde ihm entsprechend der türkischen Gastfreundschaft ein Platz freigemacht und zugewiesen. Ein Tourist schien dieser Ausländer jedoch nicht zu sein, denn er gab recht bald, wie es hier in der Türkei Sitte ist, das Fahrgeld über andere Fahrgäste nach vorn zum Fahrer. Schon bald wurde der Fremde nicht mehr mit neugierigen Blicken begleitet und war in diese türkische „Fahrgemeinschaft" einbezogen. Das kleine Fahrzeug bewegte sich jetzt bereits in den Außenbezirken der Stadt und nahm schnellere Fahrt auf. Wollte jemand von den Fahrgästen aussteigen, tat er es dem Fahrer wie in der Türkei üblich mit einem lauten „Inecek var" (es wird jemand aussteigen) nach vorne kund. Dies geschieht in der Regel an den markierten Haltestellen, manchmal aber auch einfach irgendwo auf dem Weg. Einige der Fahrgäste waren ins Gespräch vertieft, andere dösten etwas vor sich hin. So bekamen die wenigsten mit, dass nun auch der Ausländer aufstand und sich zum Ausgang des Dolmus begab. Offensichtlich war auch für ihn das Ende seiner Fahrt absehbar. Er schien sich jedoch nicht sonderlich in der Gegend auszukennen, jedenfalls betrachtete er immer wieder mit großer Aufmerksamkeit die schnell an ihm vorbeirauschenden Nebenstraßen. Plötzlich und für die meisten Mitreisenden völlig überraschend, drang der Ruf „Inek var" (Da ist eine Kuh) nach vorne zum Fahrer. Dieser tat ob der vermeintlichen Gefahrensituation eine Vollbremsung des Fahrzeuges und hielt nach vorne ausgestreckt eifrig Ausschau nach dem angezeigten Objekt einer möglichen Kollision. Jedoch war weder für ihn noch für eine andere Person im Bus eine Kuh zu sehen. Auch nicht am Horizont. Die im Gang stehenden Kinder waren sichtlich erschreckt und zum Teil durch die heftige Vollbremsung des Busses fast zu Fall gekommen. Auch der Ausländer hatte sich gerade noch an einem der Handschlaufen im Bus festhalten können. Langsam wendeten sich nun die Blicke der anderen Fahrgäste ihm zu. Hatte nicht dieser Mann nach vorn zum Fahrer gerufen? Wo hatte er denn die Kuh gesehen? Noch mehr als zuvor verunsichert und von vielen Fragezeichen der zu ihm blickenden türkischen Kinder, Männer und Frauen begleitet, wies der Fremde nun langsam auf die Tür. Der Fahrer öffnete diese und entließ den mehr als interessanten Fahrgast ins Freie. Erst später dämmerte es allen im Bus, dass sie Opfer einer Wortverwechslung geworden waren. Das anfängliche Fragen und Erstaunen und der aufkommende Ärger wichen einer immer größer werdenden Heiterkeit unter den Menschen im Bus. Ja, von „Inecek var" (es wird jemand aussteigen) zu „Inek var" (Da ist eine Kuh) ist es durchaus kein langer Weg, aber der führt zu einer sehr anderen Bedeutung. Wie es wohl dem Ausländer nach dem Ausstieg angesichts der von ihm herbeigeführten Situation ergangen ist? Diesen Unterschied wird er sich für die Zukunft wohl gemerkt haben. Und sicherlich hat er den anderen im Bus nicht zum Abschied zugewunken...

Bereits in Europa hatten Renate und ich noch getrennt voneinander begonnen, Türkisch zu lernen. Wir benutzten Sprachbücher und Cassetten, Renate hatte zudem Hilfe durch eine Familie, die lange Zeit in der Türkei gelebt hatte. Jedoch war uns beiden bewusst, dass sich diese Sprache nur im Land selbst und unter den Menschen richtig lernen lässt. Zu verschieden ist das Türkische von den allermeisten europäischen Sprachen. Satzstellung und die den Substantiven und Verben zugefügten Endungen sind zwar grammatikalisch sehr regelmäßig, aber eben auch regelmäßig anders! Wir hatten bereits zuvor von einer Methode gehört, die sich sehr von den meisten anderen Sprachlernmethoden abhebt. Die sogenannte LAMP Methode wurde ursprünglich von Bibelübersetzern entwickelt, die öfter in Gebieten arbeiten, in denen die einheimische Sprache nicht in der Schriftform vorhanden ist, ganz zu schweigen von Sprach- oder Grammatikbüchern. Diese Methode hatte es uns angetan und basiert letztlich auf dem Gedanken, eine Sprache so zu lernen, wie es auch Kinder beim Erstspracherwerb tun: viel hören, nachsprechen und oft anwenden. Oder wie es ein guter Freund von uns formulierte: „learn a little and use it a lot" (lerne ein wenig und gebrauche es oft).

Da bei dieser Methode manches von einem guten Sprachhelfer abhängt, bemühten Renate und ich uns sehr bald nach dem ersten Einleben einen solchen zu finden. Zunächst gestaltete sich die Suche nicht ganz einfach, später fand ich in Gürkan einen recht netten Helfer mit guter Aussprache und etwas Englischkenntnissen. Auch Renate fand eine junge Frau als Helferin und so konnten wir mit unseren Walkmans die ersten Texte aufnehmen. Nach dem Auswendiglernen des Textes sollte man diesen dann möglichst oft auf einer sogenannten „Sprachrunde" mit Einheimischen sprechen und dann wo möglich mit ihnen in einfache Gespräche kommen. Neben der Arbeit am Text war es deshalb eine wichtige Aufgabe für uns, eine wachsende Sprachrunde mit möglichst vielen Stationen zu entwickeln. Während ich mich in solchen Kontakten eher schwer tat, war dieser Teil für Renate ein wahres Vergnügen. Sie hatte auch keine Probleme, mit schweren Taschen vom Markt kommende Frauen aufzuhalten, ihnen Fragen zu stellen und, wo sie nicht weiter wusste, auch mal auf ihren mitgeführten Spickzettel zu schauen. Aber mit der Zeit entwickelte sich dann auch meine Sprachrunde und führte mich vorbei an vielen kleinen Bekannten, Geschäften und dem ein oder anderen Kiosk. Hier hatten die Leute meist Zeit und waren überaus geduldig, auf meine einfachen Fragen ihre Kultur oder ihr Leben betreffend zu antworten. Während ich am Anfang von dem mir plötzlich begegnenden Wortschwall meines Gegenübers nicht viel mitbekam, verstand ich dann aber doch immer mehr und lernte beständig neue Worte und Zusammenhänge. Bis heute finde ich diese Methode zum Spracherwerb weit mehr geeignet als das theoretische Lernen im Klassenraum oder am Schreibtisch zu Hause. Auf diese Weise waren wir von Beginn an in der Kultur drin und lernten viele Menschen kennen. Türkisch lernten wir von den Türken selbst und bis heute sagen sie, dass wir so reden wie sie es auch tun – wir zwar nicht ohne Fehler, aber eben kein Buchtürkisch.

Mein erster Sprachhelfer Gürkan lebte nicht weit von uns entfernt. Seine Eltern führten die sogenannte „Yagmur" Pension, eine der vielen kleinen Gästehäuser in der Altstadt Antalyas. Die Pension befand sich in einem alten und nett anzuschauenden Gebäude mit einem auch im Sommer kühlen Innenhof. Ich hätte nicht gedacht, dass gerade dieser nette Ort zu einem unserer ersten negativen Erlebnisse in der Türkei beitragen sollte:

Gülseren Teyze und Faruk Amca, die Eltern von Gürkan, waren anders als ihr Sohn eher traditionell eingestellt und bewegten sich recht wenig außerhalb ihrer kleinen Pension. Manchmal kamen sie zu uns zu Besuch, oder wir tranken im Innenhof ihres Hauses einen der vielen türkischen Tees miteinander. Bei einem dieser immer noch ob unserer begrenzten Sprachkenntnisse recht einfach gehaltenen Gespräche lernten wir auch einen Gast der Pension kennen. Helga (Name geändert), eine deutsche Frau mittleren Alters, war allein gekommen und wollte offensichtlich einige Tage in Antalya verbringen. Uns fiel bald auf, dass sie wohl die türkische Kultur recht wenig kannte und auch für unsere Begriffe und das Umfeld eher locker bekleidet war. Insgesamt schenkten wir der Begegnung aber weniger Beachtung. Antalya ist im Sommer voll mit

Touristen und wir wollten ja eher in die türkische Kultur hineinfinden, als von Deutschen umgeben zu sein. Wenige Tage
später hatten wir Gülseren Teyze und Faruk Amca einmal zum
Tee in unserer kleinen Wohnung. Wir hatten eine gute Zeit
miteinander und sprachen über manche Dinge des Lebens
und der Stadt. Vor unserem Abschied voneinander fragten unsere beiden Gäste uns noch kurz nach der deutschen Pensions-
bewohnerin. Die Frau sei wohl auf einen Ausflug gegangen,
vermuteten sie, den gestrigen Tag hätten sie sie nicht mehr
gesehen. Wir verabschiedeten uns herzlich und auf die türkische Weise mit Hand- und Wangenkuss. Sehr verwundert waren wir dann, als Gülseren Teyze bereits einen Tag später wieder vor unserer Tür stand, diesmal allein und wie man auf den
ersten Blick sehen konnte, recht verstört, fast aufgelöst. Da sie
uns sonst eigentlich eher als eine recht resolute Frau erschien,
begegneten wir ihr sofort mitfühlend und führten sie in unser
Wohnzimmer. Hier berichtete sie, teilweise unter Tränen, von
dem Geschehenen: Der Putzfrau sei beim Reinigen der Pension ein merkwürdiger Geruch aufgefallen, der aus einem der
Zimmer zu kommen schien. Dies aber war das Zimmer der
deutschen Frau. Weil man diese auswärts wähnte und ja auch
den Schlüssel für das Zimmer nicht hatte, entschloss sich mein
Sprachhelfer Gürkan, vom Innenhof der Pension hochklet-
ternd das Gästezimmer zu erreichen und zu öffnen. Nachdem
ihm dies gelungen war, sah er von außen bereits einen aufgedunsenen Körper auf dem Bett des Zimmers liegen. Dort
wähnte er aufgrund der Körperfülle einen Mann liegen und
informierte sofort seine Eltern und die dann die Polizei. Als
das Zimmer zwangsweise von der Polizei geöffnet worden war,
fand man keinen Mann, sondern die bereits seit einigen Tagen
tote deutsche Touristin. Ein großes Messer und mehrere un-
übersehbare Blutflecken auf dem aufgedunsenen Körper zeugten deutlich von einem Gewaltverbrechen. Unsere Freunde
waren aufgelöst und über diesen Vorfall in ihrem Gästehaus
fast untröstlich. Hier muss man verstehen, dass in der orientalischen Kultur das Leben eines Gastes so viel Wert wie das
eigene besitzt und unbedingt geschützt werden muss.

Wir blieben weiter im engen Kontakt zur Familie und versuchten sie über dieses Ereignis zu trösten. Sie sahen sich jedoch nicht in der Lage, dieses Geschäft weiterzuführen, und siedelten in einen anderen Stadtteil über. Die Presse in Antalya berichtete über diesen Touristenmord. Es vergingen einige Wochen, bis dann die Wahrheit über dieses schlimme Ereignis in der Yagmur Pension herauskam: Ein anderer, junger Pensionsgast hatte sein Augenmerk auf die allein reisende deutsche Frau geworfen. Er drang in der Nacht mit dem Messer in ihr Zimmer ein und beraubte die wehrlose Frau. Als diese zu schreien begann, muss er dann wohl auf sie eingestochen haben. Gülseren Teyze tat auch der junge Mann leid, der damit sein Leben zerstört hatte. Uns ging das Ganze auch deshalb nahe, weil wir ja die deutsche Frau kennengelernt, sie aber nicht nachdrücklich auf ein richtiges Verhalten als Frau in der türkischen Kultur hingewiesen hatten. In der Folgezeit betrachtete es Renate als eine ihrer Aufgaben in unserer Stadt, junge Touristinnen in Antalya daraufhin anzusprechen, dass sie sich doch bewusst machen sollten, sich hier in Asien und einer anderen Kultur zu befinden. Hier kann ein Verständnis des richtigen Verhaltens und angebrachter Kleidung sehr wichtig sein, manchmal eben sogar lebenswichtig. Davon wird im nächsten Kapitel noch mehr zu reden sein.

Mit Gürkan hatte ich wirklich einen sehr guten Sprachhelfer bekommen. Zwar musste ich ihn morgens einige Male zum vereinbarten Termin aus dem Bett holen, aber sein Verständnis unserer gewählten Methode und auch seine Aussprache waren sehr gut. Über unsere festen Termine hinaus unternahmen wir auch hier und da mal etwas gemeinsam. Einmal gingen wir nahe der Klippen von Antalya im Meer schwimmen. Als wir etwas hinausgeschwommen waren, gab Gürkan mir mit Zeichen zu verstehen, ob wir nicht mal um die Wette schwimmen wollen. Dies nahm ich gerne an, obwohl ich ja wesentlich älter als mein türkischer Freund war. Nach der von uns gewählten Zeit wunderte sich Gürkan wohl, so weit im Hintertreffen zu sein. Ich weiß nicht, ob ich ihm einmal zuvor erzählt hatte, dass ich ja eigentlich vom Beruf her Sportlehrer war…

Neben bzw. nach Gürkan hatte ich dann im Wesentlichen noch zwei andere Sprachhelfer. Da war zunächst Ali, dessen Eltern eine kleine Zoohandlung in Antalya-Zentrum führten. Wir trafen uns zuerst im oberen Stock des Geschäftes. Da dies jedoch im Sommer eher einer Sauna glich und wir auch oft abgelenkt wurden, kam Ali dann auch zu uns. Mit Sertac, einem jungen Studenten der Universität von Antalya, verband mich dann eine sehr lange Zeit des Lernens. Sertac war ein aufgeschlossener junger Mann, der aus einer Soldatenfamilie stammte und sicher nach dem Studium seinen beruflichen Weg gemacht hat. Wir sahen uns viele Jahre später einmal in der Millionenstadt Izmir „zufällig" auf der Straße wieder und besuchten anschließend die Hochzeit eines gemeinsamen Freundes.

Es dauerte ungefähr zwei volle Jahre, bis wir die türkische Sprache fließend und in den Augen der Einheimischen gut sprechen konnten. Diese zwei Jahre waren gefüllt mit Hunderten von kulturellen Themen, auf deren Grund wir unsere Sprachrunden gestellt haben. Sie waren auch verbunden mit viel Fleiß in der Bearbeitung, ungezählten Stunden mit dem Walkman und anschließenden Sprachrunden in der näheren Umgebung. Es war eine nicht leichte Zeit, aber sie war ungemein wichtig. Sie hat uns eine Grundlage gegeben, die türkische Kultur und Gesellschaft zu verstehen, wirklich von den Menschen aufgenommen werden zu können und mitten unter ihnen zu leben. Ohne dies wäre für uns eine Integration in die türkisch-asiatische Gesellschaft unmöglich gewesen.

Um dieses Kapitel „abzurunden", müssen wir natürlich auch von einigen groben Fehlern und Missverständnissen unsererseits beim Spracherwerb berichten. Zu anders sind die Worte und Satzstellungen, als dass man nicht hier und da auf große und fragend-ratlose Augen des türkischen Gegenübers blicken würde. Es entstehen manchmal komische, manchmal aber auch sehr missverständliche Situationen. So hingen unsere Gastgeberin Hafize und Renate einmal im Vorhof unseres Apartments Wäsche auf. Hafize fragte Renate, ob sie denn schon die Klammer geholt hätte. Das türkische Wort für holen bedeutet aber auch gleichzeitig (allerdings in anderem Zusammenhang) kaufen. Renate ärgerte sich darüber, dass sie jetzt zunächst erst mal Klammern kaufen solle, um die Wäsche aufzuhängen ... Von unserem deutschen Freund Helmut hörten wir bereits zuvor seine Leidensgeschichte dank einer typischen Wortverwechslung: Im Türkischen hören sich die beiden Worte „cok" (viel) und „yok" (auf keinen Fall) sehr ähnlich an. Ihre Verwechslung kann jedoch fatale Folgen und erhebliche Gewichtsprobleme mit sich bringen! Oft wurden Helmut und seine Frau von lieben türkischen Gastgebern zum Essen eingeladen. Hier gibt es reichlich zu essen. Auf die gutgemeinte Frage der tüchtigen Hausfrau nach einem Nachschlag antwortete Helmut manches Mal mit cok anstelle von yok. Da wurde ihm dann nochmal kräftig aufgeladen. Und einen Teller nicht leer zu essen macht sich nicht gut bei solchen Gastmählern ... Noch mehr prekäre Erlebnisse erfuhren wir von anderen in der Türkei lebenden Ausländern: Eine Frau hörte z.B., dass in ihrem Wohngebiet der Strom für eine längere Zeit unterbrochen werden würde (was in der Türkei keine Seltenheit ist), in ihrem Fall sogar für ganze zwei Wochen. Beim Einkauf im naheliegenden, kleinen Geschäft brachte sie ihre Verzweiflung mit einfachen, aber leider sehr missverständlich-falschen Worten zum Ausdruck. Statt „Elektrik" (türk. Wort für Strom) benutzte sie das Wort für Mann („erkek"). Ihre Aussage hörte sich dann ungefähr wie folgt an: „Es gibt für zwei Wochen keinen Mann – ich brauche aber einen Mann ..." Der in diesem Fall wohl mehr besorgte als wollüstige Geschäftsinhaber rief dann recht bald den Mann dieser Ausländerin an und schilderte ihm diese Situation. Wie sehr wird er wohl erstaunt gewesen sein!

Eine andere Wortverwechslung führte einen ausländischen Freund in eine mehr makabere Situation: In der Türkei gibt es zu verschiedenen, immer wiederkehrenden Anlässen bestimmte feste Redewendungen. Hört man z.B. von einer Krankheit oder einem Unwohlsein eines Freundes, so wünscht man ihm „gecmis olsun" (etwa: es möge vorübergegangen sein), „Basiniz sagolsun" (Gesundheit deinem Haupte) wünscht man jemandem, dessen naher Verwandter oder Freund gestorben ist. Muss man hingegen jemanden für eine längere Zeit vermissen und man wünscht dem Freund, dass er mit dieser Person schnell wieder vereinigt wird, so sagt man: „Allah kavustursun" (Gott möge Euch wieder zusammenführen). Im Fall unseres ausländischen Freundes war wohl der Ehepartner oder ein guter Bekannter seines türkischen Freundes gestorben. Statt dem hier der Situation entsprechenden „Basiniz sagolsun" wünschte unser Freund aber dem Hinterbliebenen ein herzliches: „Allah kavustursun" – Gott möge Euch (schnell) wieder zusammenführen…Wir wissen nicht, ob diese interkulturelle Freundschaft danach noch lange Bestand hatte…

2. Was Hänschen nicht lernt ...
von Kultur und Überleben

Do's und Dont's im Orient

Wir kannten uns noch nicht sehr lange. Der mit Schnurrbart und einer gesunden, bräunlichen Gesichtsfarbe gekennzeichnete türkische Mann begegnete mir zum ersten Mal damals auf einer Parkbank nahe der Altstadt. Wir hatten uns kurz über die vielen Veränderungen hier in Antalya in den letzten Jahren unterhalten. Die Stadt muss früher von sehr großen Orangenplantagen durchzogen gewesen sein. Auch war die Hitze im Sommer wohl viel erträglicher aufgrund der vielen vorhandenen Grünflächen. Wir hatten ein nettes, kleines Gespräch und wünschten uns alles Gute für den weiteren Tag. Heute begegneten wir uns dann zufällig wieder. Der kleine Teegarten in der Nähe des Meeres war für mich ein willkommener Ruheort in den warmen Sommermonaten. Der türkische Mann gesellte sich dazu und erinnerte mich an unsere frühere Begegnung. Für ihn war ich ja als Ausländer eine markante Figur, mir hingegen fiel es schwer, mich an die verschiedenen und doch manchmal für meine Begriffe einander sehr ähnlichen türkischen Gesichter zu erinnern. Der Mann setzte sich zu mir und wir sprachen erneut etwas über das Leben in Antalya. Auch über die Arbeit sprachen wir und mein Gegenüber gab sich als Buchhalter zu erkennen. Für mich recht unvermittelt fragte mein neuer Bekannter nun nach meinem Verdienst. Ein anderer Ausländer hatte mir zuvor einmal im Gespräch gesagt, dass Türken sich untereinander eigentlich nicht nach ihrem Gehalt fragen würden. Er nannte mir auch einen guten Weg, um dieser manchmal an Ausländer gerichteten Frage aus dem Weg zu gehen. Schließlich könnten westliche Standards auf diesem Gebiet Neid erwecken und man muss dann letztlich weit ausholen, um auf die ebenfalls höheren Lebenshaltungskosten in Europa einzugehen. So wendete ich also das Sprichwort an, das für eine solche Situation ratsam und gut erschien: „Kadinin yasi, erkegin maasi sorulmaz" (Nach dem Alter einer Frau und dem Gehalt eines Mannes darf man nicht fragen ...) Im Gesicht meines Gegenübers konnte ich ein großes Er-

staunen ausmachen, dann aber auch ein Verstehen. Der Mann lächelte und wusste auf Anhieb, woran er war. Offensichtlich hatte dieser Ausländer schon ein wenig von seiner Kultur begriffen …

Mein alter Lehrer Lothar Käser verwendete in seinem Unterricht zur Anthropologie oft die Aussage, dass Kultur nichts anderes sei als eine Überlebensstrategie in einem gegebenen Umfeld. Jede Kultur auf dieser Erde hat ihre eigenen Verhaltensweisen, Normen und Werte. Da macht die Türkei, wie wir sie kennengelernt haben, keinen Unterschied. Es gibt manche aus- und auch unausgesprochenen Werte und Richtlinien, Do's und Dont's im täglichen Miteinander und auch reichliche Strategien, den Alltag im Land gut zu bewältigen. Dabei gibt es zwar z.T. erhebliche Unterschiede zwischen Stadt und Land, Ost und West, Reich und Arm, aber viele Merkmale kultureller Einheit sind doch so markant und wichtig, dass in diesem Kapitel davon zu reden ist. Dabei erheben diese folgenden Elemente keinen Anspruch auf Vollständigkeit. Sie zeigen aber einige wichtige Grundzüge menschlichen Miteinanders in der Türkei auf und sind bei Aufenthalten im Land auch wichtig zu beachten. Auch hier haben wir einiges durch Fehler gelernt. Aber dazu muss man stehen können und etwas Mut haben. Vieles wird auch von Türken wohlwollend verziehen.

Ein sehr wichtiger Bereich der türkischen Kultur ist die bei manchen Anlässen gegebene Trennung der Geschlechter. Auch wenn sich inzwischen besonders in den großen Städten einiges relativiert hat, sollten wir in diesem Bereich manches beachten und lernen. Dabei findet sich eine solche Trennung fast mehr im privaten als im öffentlichen Bereich. Besonders zu Beginn unserer Zeit mussten wir uns daran gewöhnen, dass Renate z.B. bei gemeinsamen Besuchen sehr viel mehr in den Bereich der Frauen des Hauses einbezogen wurde als dass sie mit mir in einem großen Besucherkreis sitzt, der sich aus beiden Geschlechtern zusammenfügt. Auch ich verbrachte z.B. zusammen mit Ismail viel mehr Zeit allein unter Männern, als ich es in Deutschland gewohnt war. In öffentlichen Verkehrsmitteln ist es bis heute nicht angebracht, sich neben einen

Fahrgast anderen Geschlechts zu setzen. Darauf wird auch bereits beim Kauf der Fahrkarte z.B. in den größeren Reisebussen geachtet. Als Mann spricht man nicht viel mit einer fremden Frau, schon gar nicht, wenn man allein ist (was auch ohnehin nicht vorkommen sollte). Dass eine Frau den Mann eines befreundeten Ehepaares kaum ansieht oder evtl. auch bei der Begrüßung nicht die Hand gibt, hat nichts mit fehlender Sympathie oder Annahme zu tun, sondern damit, dass man die andere Person als eine anständige und moralisch integere Person ehrt. Ebenso umgekehrt. Wie anders können wir doch empfinden, wenn uns eine Person nicht „richtig" begrüßt oder wenig mit uns spricht! Welche mögliche Quelle von Missverständnis und falscher Deutung einer eigentlich wohlmeinenden kulturellen Gewohnheit. Eine der größten Fauxpas auf diesem Gebiet erlaubte ich mir später einmal in Mugla: Renate war von einer guten Bekannten angesprochen worden, doch zu einem Beisammensein vor ihrer Hochzeit zu ihr nach Hause zu kommen. Andere seien auch eingeladen, Zeit und Ort sind bestimmt. Am besagten Tag machte ich mich dann mit Renate auf, ein anderes befreundetes deutsches Ehepaar hatte auch zugesagt zu kommen. Der Weg zur Wohnung der jungen Frau führte uns durch die Altstadt des Ortes und wir bogen durch kleine Gassen gehend in die Straße unserer Bekannten ein. Eine andere Frau ging uns voraus und betrat noch vor uns die kleine Tür zum inneren Bereich des Hauses. Uns sehend, hielt sie Renate zum Eintreten die Tür auf, schloss diese jedoch, noch bevor ich ebenfalls eintreten konnte. Mich über diese Rücksichtslosigkeit ärgernd, öffnete ich dann die Tür selbst und ging hinter Renate die Treppe hoch zum Ort des Geschehens. Hier saßen etliche Leute in einem größeren Kreis, die in Kürze verheiratete Braut unter ihnen. Mein ebenfalls ausländischer Freund und ich waren im Kreis die einzigen Männer. Wir begrüßten die Gesellschaft und versuchten etwas an der stockenden Konversation teilzuhaben. Mit zunehmender Zeit fühlte ich mich aber immer unwohler und begann zu realisieren, dass unsere Gegenwart als Männer in diesem Kreis wahrscheinlich eher unangebracht war. Inzwischen war die Runde auch sehr schweigsam geworden… Später fand ich heraus, dass dieses Zusammensein eine sogenannte „gelin göstermesi" (Brautschau) war und es für uns als Männer ein Ding der Unmöglichkeit war, daran teilzunehmen!

Man lernt wie gesagt auch durch Fehler und solches ist uns sicher nicht nur einmal geschehen. Zum Glück ist nicht alles so überlebenswichtig wie der im letzten Kapitel geschilderte Fall der deutschen Touristin. Diese hatte jedoch gleich mehrere kulturelle Schranken überschritten und dies außerhalb der „Freizonen" der fünf und inzwischen sogar vereinzelt mehr Sterne tragenden großen Hotelanlagen um die Stadt Antalya herum. Diese Touristin war zunächst allein ohne Begleitung eines Mannes oder einer anderen sie schützenden Person (was durchaus eine andere, am besten ältere Frau sein kann) unterwegs. Sie trug westlich- freizügige Kleidung, die zwar dem sommerlich warmen Wetter, aber nicht unbedingt der türkischen Kultur angepasst war. Allein dies kann bereits unter kulturell anders geprägten Menschen Assoziationen wecken, die überhaupt nicht beabsichtigt sind. Auch ich hatte im Blick auf Kleidung meine Schwierigkeiten und einiges zu lernen. In der Öffentlichkeit überhaupt und schon gar nicht bei Besuchen trug der türkische Mann zu unserer Zeit in Antalya keine kürzere Hose. Selbst bei feucht-heißen Temperaturen im Hochsommer war es wenig angebracht, Shorts zu tragen und nackte Beine zu zeigen. Als Sportlehrer lag es mir jedoch nahe, eine eher lockere, sportliche Kleidung zu nutzen. Hier musste ich umdenken und mit der Zeit legte ich mir einige der möglichst luftigen Stoffhosen mit langen Beinen zu. Zu Hause warf ich mich aber meist gleich in eine andere Schale.

Ein weiteres wichtiges Feld der Kultur sind Namenszusätze. Man findet es eigentlich nur unter den Ehepartnern und bei Erwachsenen gegenüber Kindern, dass Namenszusätze nicht gebraucht werden. Das Türkische kennt eine Vielzahl von Verwandtschaftsbezeichnungen und anderen Namenszusätzen und ist in dieser Hinsicht viel reicher als die deutsche Sprache. Zum Beispiel wird sprachlich der Bruder der Mutter von dem Bruder des Vaters unterschieden (amca-dayi); im

Deutschen gibt es hierfür ja nur ein Wort. Nicht nur auf diesem Gebiet wird deutlich sichtbar, dass das Leben in der Türkei viel mehr beziehungsorientiert ist als unsere westliche Leistungsgesellschaft. Wie wichtig diese Namenszusätze sind, erfuhr ich an einem für mich nachdrücklichen Beispiel: Durch unseren Einzug bei Ismail und Hafize waren wir ja sozusagen auch in die bestehende Großfamilie aufgenommen worden. Das bedeutete u.a., dass wir auch hier und da zu gemeinsamen Mahlzeiten im großen Familienkreis eingeladen waren. Hier saß man zusammen am runden Tisch und sprach über die täglichen Dinge, z.T. auch mit ihren besonderen Herausforderungen. So weit es mir zu dieser frühen Zeit unseres Aufenthalts in der Türkei möglich war, versuchte ich an den Gesprächen teilzunehmen, sprach dabei auch mehrmals Abdurrahman Amca als den Vorsteher der Großfamilie an. Dabei verwendete ich jedoch nicht den Zusatz Amca, sondern lediglich den Vornamen des mir nun gut bekannten Mannes. Er hatte sich ja mir gegenüber auch mit diesem vorgestellt. Doch jedes Mal, wenn ich den Familienvater mit seinem Namen ansprach, schien es seine ebenfalls anwesenden Söhne wie ein Blitz durch den ganzen Körper zu treffen. Ein Zucken ging jeweils über ihre Augen und irgendwie machte sich im Raum eine Verlegenheit breit. Nach einigen weiteren Wochen verstand ich dieses Verhalten dann nur zu gut. Ich hatte nicht den für sie alle gebräuchlichen Zusatz „Amca" (Onkel) verwendet, sondern es gewagt, ihren Vater nur mit dem Vornamen anzusprechen. Dieses würden selbst sie niemals tun, sondern ihren Vater jeweils als „babam" (mein Vater) ansprechen. Dass aber der Titel „Amca" auch nicht jedermann recht ist, erfuhr ich dann später…

Vom Einkauf großer und kleiner Dinge

Darauf war er nicht vorbereitet gewesen. Und er war sichtlich überrascht. Bei Einheimischen hätte er den Preis von Beginn an höher angesetzt. Hier war klar, dass Ali, Yusuf, Fatma und andere Käufer handeln würden. Von einem Ausländer hätte er es nicht erwartet.

Und dazu noch in einem recht verständlichen Türkisch. Der großge-
wachsene Verkäufer mittleren Alters auf dem örtlichen Bazar sah
sich einer für ihn neuen Situation ausgesetzt. Nun war guter Rat
zwar nicht teuer, aber wohl auch bei den anderen Marktständen
nicht zu finden. Ein Ausländer, der es versteht zu handeln. Ahmet
gab letztlich das Plastikgeschirr zum Einkaufspreis ab. Und setzte in
Zukunft auch bei Ausländern den Preis für Einheimische an. Man
konnte ja nie wissen …

Bereits in den ersten Tagen unseres Aufenthalts in der Türkei
mussten wir es lernen, verschiedene kleine und große Dinge
des täglichen Lebens einzukaufen. Von der Briefmarke bis
zum späteren Motorrad brachten uns Einkäufe viele kulturelle
Erfahrungen und waren weit spannender als hier in Deutschland in einem der vielen Discounter. Ganz im Gegensatz zum
Westen kaufe ich in der Türkei in der Regel gerne ein! Auch
hier gilt es natürlich unzählige Dinge zu beachten. Zunächst
einmal gab es in unserer Zeit in Antalya wie auch heute in
vielen noch kleineren Städten der Türkei kaum größere Ein-
kaufszentren. Die allermeisten Waren kauften wir in den unzähligen kleinen Geschäften des näheren Umfelds („Bakkal"–
wörtlich: schau + kauf) oder sogar direkt beim Erzeuger. An
bestimmten Wochentagen gab es zudem in den verschiedenen
Stadtvierteln sogenannte „Bazare" mit Gemüse, Obst und vielen anderen Waren des täglichen Bedarfs in den leuchtendsten
Farben, angepriesen von lauten Marktschreiern. Zu unserer
Zeit kam zu all dem ohnehin für uns Neuen hinzu, dass aufgrund der damals in der Türkei hohen Inflation der Wert der
türkischen Lira rasant sank und die Nullen auf den Geldschei-
nen immer zahlreicher wurden. Letztlich schickte ich also
meine Frau mit manchen Millionen der Landeswährung zum
Einkauf auf den Markt. Welcher Mann hätte das sonst von sich
sagen können, ohne allein bei der Vorstellung graue Haare zu
bekommen … Wir taten uns anfangs schwer mit den hohen
Zahlen. Als wir uns dann mit diesen wohlfühlten und gut klar
kamen, beschloss die Türkei, die Nullen zu streichen und eine
neue Währung einzuführen. An dieser Stelle sei einmal gesagt,

dass wir oft gestaunt haben, wie sich Dinge im Land von einem Tag auf den anderen entscheidend ändern können. Ein anderes Beispiel war vor einigen Jahren, dass man von heute auf morgen das Rauchen in den großen Überlandbussen verboten hat. Wo zuvor selbst nachts graue Rauchschwaden von den einzelnen Plätzen im Bus aufstiegen, durfte sich fortan nur noch der Fahrer mit der Zigarette wach halten. Alle anderen akzeptierten das neue Verbot sofort ohne große Diskussion. Man scheint es in der Türkei gelernt zu haben, Dinge, die von oben angeordnet werden, ohne viel Kommentar zu akzeptieren und in seine Lebensplanung einzubeziehen.

In den wie gesagt zahlreichen Bakkal's der jeweiligen Nachbarschaft findet man ein überraschend vielfältiges Sortiment für den täglichen Lebensbedarf. Es gibt fast nichts, was es nicht gibt, und oft war ich erstaunt, was so ein einfaches Geschäft mit kleinen Regalen und vielen zunächst verborgenen Ecken alles anbieten kann. Hier ist von früh bis spät abends und sieben Tage in der Woche jemand zu finden, der über das Angebot Bescheid weiß und z.T. auch kompetent beraten kann. Hier trifft man auch seine Nachbarn wieder, hat Gelegenheit zum kleinen Schwätzchen und kann die gekauften Waren auf einem mehr oder weniger ordentlich geführten Block anschreiben lassen. Dass irgendwann dann mal abgerechnet und ein Strich durch die alte Liste gezogen wird, ist Ehrensache, wie überhaupt das Geld in diesen kleinen Nachbarschaftsläden eine geringere Rolle zu spielen scheint. Beträge werden oft abgerundet und es heißt: „Für Dich macht es nur so viel …" Wie gesagt, ich kaufe gerne ein in diesen kleinen, oft heimeligen Läden. Ein besonderer Spaß war es auch gerade in der ersten Phase des Sprachelernens, bei den Geschäftsinhabern zu sitzen und die eingehende Kundschaft im Gespräch und Verhalten mit dem Verkäufer zu beobachten. Welche Fundgrube kultureller Erfahrungen! Wie anders wäre es doch, sich irgendwo in Deutschland hinter eine der Discounter-Kassen zu postieren. Was könnten wir hier lernen? Wie hat sich Europa doch durch die fast vollständige Abschaffung dieser kleinen Tante-Emma-Läden arm gemacht!

Interessant war die Beobachtung von Einkaufsritualen insbesondere dann, wenn die landestypischen Extrahandlungen gestartet wurden: Oft kam es z.B. vor, dass sich jemand aus den oberen Stockwerken eines der vielen Apartments der Stadt nicht die Mühe machen wollte, die vielen Treppen zum Einkauf hinunterzulaufen. (Derzeit gab es kaum Aufzüge und diese wären bei den häufigen Stromausfällen wohl auch oft steckengeblieben ...) Da die Bakkal's ja fast an jeder Ecke zu finden waren, ließ man also einfach von seinem Balkon einen Korb mit einer innenliegenden Bestellung hinunter. Der Verkäufer sah diesen vor seinem Geschäft pendeln und erfüllte prompt die Einkaufswünsche seiner Kunden. Der zog seinen Korb wieder hoch und niemand außer ein nebenstehend beobachtender, neugieriger Europäer auf seiner täglichen Sprachrunde wunderte sich ...

Eine andere besondere Praxis ist die des Nahrungsmittelaustauschs zwischen den Häusern. Dieser geschieht nicht wie man sich jetzt denken könnte von Tür zu Tür, sondern von Balkon zu Balkon. Fehlt nämlich der Hausfrau Fatma etwas zu ihrem heutigen Menü, ruft sie die im Apartment gegenüberwohnende Gülseren und fragt nach der Zutat. Hat diese das Gewünschte im Haus, wirft sie es nun in hohem Bogen und oft über gähnende Tiefen hinweg zum Balkon ihrer Nachbarin. Da die Häuser in der Stadt Antalya und auch vielen anderen Städten der Türkei sehr eng aneinander gebaut sind, gelingt dieses Unterfangen meist ohne größere Verluste. Ich habe jedenfalls in all den Jahren noch nie von einem erbosten Untermieter oder Passanten gehört, der sich über herabfallende Kartoffeln, Zwiebeln oder gar Eier beschwert hätte ...

Ein Beispiel bereits fortgeschrittenen Einkaufs war dann für mich gegen Ende unserer Zeit in Antalya der Kauf eines alten BMW Motorrades. Über einen guten Freund vermittelt, fuhr ich dazu mehrere Stunden mit dem Bus in eine andere Stadt und wurde dort von einer Gruppe türkischer Männer umgeben. Diese waren Freunde des Verkäufers, der bedingt durch eine Lähmung das Motorrad nicht mehr gebrauchen konnte und jetzt veräußern wollte. Die Verhandlungen über den Kaufpreis waren bereits zuvor über meinen Freund getätigt worden und ich musste über den Austausch eines Kaufvertrages und das Aushändigen der Scheine mit den damals noch vielen Nullen nicht mehr viel machen. Es wurde einer der vielen Kleintransporter gefunden, mit dem ich das Motorrad dann Richtung Antalya bringen ließ. Etwas schwieriger gestaltete sich dann die Restauration der BMW aus den fünfziger Jahren, doch davon reden wir an anderer Stelle.

Dolmus und noch mehr (Transport will gelernt sein)

Auch wenn der nahende Kleinbus von seiner äußeren Erscheinung nicht mehr auf dem letzten technischen Stand schien, bedeuteten wir dem Fahrer mit dem eingeübten Handzeichen anzuhalten. Vor unseren Füßen hielt der Wagen an. Wir befinden uns noch in der Zeit, in der es nur wenige wirklich ausgeschriebene Haltestellen für den „Dolmus" (wörtlich: „er ist gefüllt") gab. Da die Türen nun im schon warmen Mai ohnehin während der Fahrt geöffnet bleiben, können wir das kleine Gefährt schnell besteigen. Erstaunlich, wie viele Sitzplätze so ein Kleinbus haben kann. Mit den eher provisorisch eingerichteten „Notsitzen" zusammen passen wohl 20 Leute rein. Wir finden zwei Plätze, ein junger Mann steht auf, damit wir als Ehepaar nebeneinander sitzen können. Schon huschen die Häuserfronten an uns vorbei. Im Laufe der Fahrt wundern wir uns, wie viele andere Fahrgäste noch in den Bus hineinpassen. „Dolmus"- er ist gefüllt. Oder doch (noch) nicht ...

Nach meiner Erfahrung ist das Netzwerk der öffentlichen Verkehrsmittel in der Türkei besser ausgebaut als das z.B. in Deutschland. Selten einmal musste ich in der Türkei länger auf einen Bus warten oder stand ratlos vor der Frage, wie ich von A nach B komme. Die Vielzahl der öffentlichen Verkehrsmittel hat dabei sicher auch etwas damit zu tun, dass verglichen mit unseren westlichen Ländern und gemessen an der Einwohnerzahl auch viel weniger private PKW im Land unterwegs sind.

Das meistbenutzte Verkehrsmittel in der Türkei ist sicher nach wie vor der schon skizzierte „Dolmus". Es ist äußerst interessant zu sehen, wie flexibel dieses meist eher kleine Transportgerät auf die Bedürfnisse der städtischen oder auch dörflichen Gesellschaft eingehen kann und manchmal auch nicht an die vorgegebenen Routen gebunden ist! Der Dolmus besteht meist aus einem auf seine Zwecke zugeschnittenen Kleinbus. Das ist oft ein Ford Transit oder einer der inzwischen vielen französischen oder italienischen Modelle. Der Kleinbus ist mit vielen Sitzplätzen ausgestattet und manchmal auch zusätzlichen kleinen Schemeln als „Notsitze". Hat man in einem solchen Platz gefunden (bis auf Ausnahmen neben einem gleichgeschlechtlichen Nachbarn), entrichtet man den Fahrpreis während der Fahrt, indem man das möglichst abgezählte Geld über andere Fahrgäste nach vorne reichen lässt. Möchte man aussteigen, tut man dies mit einem lauten „Durak var" (wörtl.: es gibt eine Haltestelle) oder „inecek var" (wörtl.: es gibt einen Aussteigenden) kund.

Neben dem Dolmus gibt es im öffentlichen Stadtverkehr noch die von der Stadtverwaltung (Belediye) betriebenen Busse. Diese sind meist größer, aber auch ähnlich dem Dolmus manchmal flexibel zu nutzen und ebenfalls nicht immer an ihre Route oder Zeit gebunden. Das Beeindruckendste, was wir auf diesem Gebiet erlebt haben, war sicher einmal unsere Heimfahrt, später als Familie in Mugla, von einem anderen Teil der Stadt kommend. Es war bereits abends und wir waren zuletzt kurz vor dem Zentrum der Stadt die einzigen übriggebliebenen Fahrgäste. In der Nähe eines Einkaufszentrums am Rande der Hauptstraße fragte mich der Busfahrer, ob wir etwas Zeit hätten. Er wolle noch kurz einige Dinge einkaufen gehen. Wir waren tatsächlich nicht in besonderer Eile und der Fahrer ließ uns mit Bus und steckendem Motorschlüssel an der Hauptstraße zurück. Vom Einkauf zurück, fragte er uns dann, wo wir denn wohnen würden. Völlig von seiner Route abweichend, brachte er uns bis fast vor unser Haus. Wir verabschiedeten uns herzlich. Dies sind für mich Erfahrungen, die man nicht vergisst und die mir die türkische Kultur und Herzlichkeit bis heute sehr lieb machen.

Was den privaten Verkehr betrifft, könnte ich vielleicht ein eigenes, kleines Buch schreiben. Was uns in den bisherigen Jahren an außergewöhnlichen Verkehrsmitteln begegnet ist, kann ich hier kaum beschreiben. Ob es die Handwerker sind, die an der Seite ihres PKW bei heruntergelassenen Scheiben mit ihren Händen die lange Leiter festhalten, oder die Familie in der Nähe von Antalya, die mit ihren sechs Angehörigen auf dem Mofa unterwegs ist, es ist einfach interessant und oft köstlich, dem zuzuschauen oder von solchen Erlebnissen erzählt zu bekommen.

Einen eigenen Raum im öffentlichen Transportwesen nimmt der sogenannte „Nakliyat" ein, der Transport von Gegenständen. Hat man etwas Größeres zu transportieren, geht man auf eines der bereitstehenden kleinen oder auch großen Transportautos zu. Hier handelt man den Preis aus und staunt, was alles in einen so vermeintlich kleinen Wagen hineinpasst. Als wir später von Antalya nach Mugla zogen, beschwerte ich mich sehr deutlich beim Leiter eines Transportunternehmens, der uns für meine Begriffe einen viel zu kleinen Wagen für den Umzug einer ganzen Wohnungseinrichtung geschickt hatte. Zum Schluss musste ich jedoch klein beigeben, nachdem ich mit eigenen Augen gesehen hatte, wie ein Stück um das andere in dem kleinen Wagen verschwand und ich sogar selbst noch mit den Arbeitern im Auto in unsere neue Heimat fahren konnte!

3. Trautes Heim, auch mal allein...

Auf Wohnungssuche

Sollte es das sein? Im Basement, das in der Türkei oft für kleine Geschäfte genutzt wird, sah ich einen freundlich wirkenden kleinen Mann mit einigen Mopeds beschäftigt. Oben in dem schlanken, mehrstöckigen Apartmenthaus schüttelte eine Frau mittleren Alters eine Tischdecke aus. Eine der Wohnungen zwischen ihr und dem Geschäft unten wirkte frei. Jedenfalls hingen keine Vorhänge in den Fenstern. Die örtliche Müllabfuhr war gerade auf der gegenüberliegenden Straßenseite mit dem größeren Container und vielen danebenstehenden Plastiktüten beschäftigt. Fröhlich gingen die beteiligten Männer ihrer Arbeit nach. Es war ein schöner, noch nicht zu warmer Morgen. Noch hatte niemand meine fragenden Blicke bemerkt. Sie blieben auf die kleine Wohnung im ersten Stock gerichtet. Nun trafen sich meine Blicke mit denen des Zweiradhändlers. Sollte der mein neuer Nachbar sein? Der kleine Mann lächelte nun. Natürlich erkannte er in mir den Ausländer. Er wies auf ein draußen auf einem Holzhocker mit kleiner Flamme kochendes Teegeschirr. Ja, diesen Mann könnte ich mir als Nachbar vorstellen. Und er wurde es auch...

Nachdem wir die zu Beginn mit Ismail und Hafize vereinbarte Zeit unseres Mitwohnens in ihrem Haus verlängert und viel Schönes miteinander erlebt hatten, merkten wir dann aber doch, dass es Zeit geworden war für ein eigenes Zuhause. Auf der einen Seite waren wir ja erst wenig mehr als ein Jahr verheiratet und wünschten uns irgendwie mehr privaten Raum, auf der anderen Seite nahmen wir unserer Gastfamilie eines ihrer ohnehin wenigen Zimmer und damit auch etwas von ihrer Familienatmosphäre. Hinzu kam, dass wir uns ja doch kulturell und sprachlich sehr voneinander unterschieden, was zwangsläufig hier und da zu Missverständnissen führte. So hielt ich bereits gegen Ende unserer Zeit dort meine Augen etwas auf im Blick auf eine eigene Wohnung. Das kann man in der Türkei über einen Makler oder aber auch einen anderen Weg machen. Und den wählte ich: Da ich öfter mal mit meinem aus Europa mitgebrachten Fahrrad unterwegs war, schaute ich rechts und links nach Wohnungen, die keine Vorhänge vor den Fenstern hatten. Das ist in der Türkei ein deutliches Zeichen dafür, dass die Wohnung derzeit frei ist und unter Umständen zu mieten. Eines Tages entdeckte ich eine solche Wohnung direkt in unserer Straße und nach einigem Nachforschen kam ich letztlich mit dem Vermieter derselben zusammen. Sowohl er als auch wir waren nach erfolgter Besichtigung der Wohnung nicht abgeneigt und bald unterzeichneten wir einen der in der Türkei vorgegebenen Mietverträge. Nun standen wir also vor einer nicht einfachen, aber positiv herausfordernden Aufgabe. Wir durften eine bis auf eine kleine Einbauküche völlig leer stehende Wohnung herrichten und mit Möbeln incl. aller Elektrogeräte versehen. Diese Aufgabe beschäftigte uns in den nächsten Wochen gut, war aber auch eine riesengroße Quelle für weitere kulturelle Erfahrungen. Diese alle hier aufzuzählen würde den Rahmen sprengen, deshalb möchte ich nur zwei kurze Episoden nennen:

Über einen unserer vielen Bekannten fanden wir einen Maler, der, wie es bei Handarbeiten in der Türkei üblich ist, für einen geringen Preis unsere ganze Wohnung streichen wollte. Ich sage hier streichen, weil in der Türkei eine Tapete an der Wand völlig unüblich ist. Vielmehr überstreicht man die Wände entweder mit Kalk oder einer etwas teureren Wandfarbe. Wir entschieden uns für das Standard Weiß der meisten türkischen Wohnungen. Wohlweislich schraubte ich aber am Tag zuvor selbst die Rahmen der Lichtschalter und Steckdosen ab. Idris, der Maler, hatte seinen kleinen Sohn zur Hilfe mitgebracht und eines der ersten Dinge, die er ihm erklärte, war die Tatsache, dass der „Yabanci" (Fremde) in dieser Hinsicht anders sei als ihre Landsleute. Die Fremden würden sogar die Schalter abnehmen und auf solche Feinheiten Wert legen. Mit Idris und seiner Familie verband uns danach eine längere Freundschaft, wir besuchten uns öfter gegenseitig. An einen Besuch kann ich mich besonders gut erinnern. Idris und seine Frau kamen ursprünglich von der Schwarzmeerküste. Dort gibt es in großen Mengen den sogenannten kleinen „Hamsi Balik" (Sardelle). Als wir eines Abends im Winter spontan Idris und seine Familie aufsuchten, hatten diese gerade diesen Fisch hergerichtet. Wie schön und spontan-herzlich war diese türkische Gastfreundschaft an diesem Abend!

Eine andere Erinnerung im Hinblick auf unsere neue Wohnung ist unser Bekannter Mustafa. Er führte ein Elektrowarengeschäft in Antalya-Zentrum und beriet uns recht gut in der Einrichtung unserer Küche. Als eines der Geräte, der neu gekaufte Kühlschrank, jedoch nicht funktionierte, schickte uns Mustafa einen „Fachmann". Dieser setzte zur Reparatur mit einem mitgeführten Schweißgerät an. Als der Mann jedoch keine Anstalten machte, beim Schweißen seine Zigarette zu löschen, war es Renate zu viel und sie komplimentierte den Mann hinaus. Mustafa schaffte dann Ersatz. Auch sonst half er uns an einigen Stellen. So war es für ihn auch keine Schwierigkeit, dass ein durch seine Vermittlung gekaufter Bettrahmen für meine Größe einfach zu kurz war. Kurzerhand wurde ein Ende angeschweißt (diesmal wohl ohne Zigarette) und der Rahmen passte.

Ein lustiges Erlebnis hatten wir mit unserem Esstisch: Einen solchen hatte ich mit einem gerade anwesenden, guten Freund aus Deutschland als Set mit dazugehörenden „passenden" Stühlen gekauft. Bald wollten wir zusammen mit den Freunden ein erstes Frühstück an unserem neuen Möbelstück einnehmen, mussten aber feststellen, dass die gekauften Stühle für die Höhe des Tisches viel zu niedrig waren. Als Renate (die von ihrer Körpergröße recht klein ist) eine bestimmte, aber auf dem Tisch vorhandene Marmelade vermisste, antwortete ich nur lapidar: „Sie hat sie nicht gesehen…" Letztlich haben wir den Fuß des Tisches gekürzt. Man mag hier und da mit unseren Augen wenig Verständnis für solche Dinge haben, aber für mich haben solche zusammen mit anderen „Unmöglichkeiten" des Alltags unser Leben bereichert und bunt gemacht. Interessanterweise hat gerade Renate (die von ihrer Persönlichkeit her viel flexibler, spontaner und manchmal auch ungenauer ist als ich) sich weit mehr über solche Dinge aufregen können. Ich erinnere mich da z.B. an den neuen Schrank, dessen Griffe in unterschiedlicher Höhe angebracht waren. Ich mit meiner deutschen Genauigkeit war da eher belustigt und verteidigte die Handwerker. Vielleicht stimmt es ja auch an dieser Stelle, dass Unterschiede sich anziehen. Etwas, was man möglicherweise auch grundsätzlich über die in der älteren Geschichte eher guten Beziehungen zwischen Deutschen und Türken sagen kann.

Von Nachbarn, Flut und Trommeln am Morgen

Durch ein dumpfes Geräusch geweckt, erwachte ich in einer dieser eher kühlen Winternächte. Wir hatten es uns zur Gewohnheit gemacht, unser Bett neben der schweren, gesteppten Decke zusätzlich mit einer leichten Wolldecke warmzuhalten. Die Häuser in Antalya waren einfach nicht für die feucht-kalten Tage gemacht worden. Es überwiegen ja auch bei Weitem die heißen Sommertage mit ihren fast tropisch-feuchten Temperaturen zwischen Mai und September. Das von mir trotz meines tiefen Schlafs vernommene Geräusch schien lauter zu werden und sich unserem Straßenteil zu nähern. Eine nicht mehr ganz durchdringende Dunkelheit in unserem Schlafzimmer zeigte mir, dass wir uns wohl in den frühen Stunden des Morgengrauens befinden mussten. Ich beschloss, Renate, die noch in regelmäßigen Atemzügen neben mir schlief, zu wecken. Dabei war ich mir nicht sicher, was dieses nun immer gleichmäßigere und dumpfe Schlagen auf der Straße zu bedeuten hatte. Immer noch schien die Quelle dieses Geräusches sich kontinuierlich unserem Haus zu nähern. Was konnte dies bedeuten?

Noch zuletzt in den Achtzigerjahren hatte das Militär der Türkei heftig in die Innenpolitik des Landes eingegriffen, damals gab es sowohl bei der Zivilbevölkerung als auch aufseiten des Militärs Verletzte und Tote zu beklagen. Sollte dies etwa der Beginn eines neuen Kapitels in der neuzeitlichen Geschichte der türkischen Republik sein? Nach einigen Versuchen und lauterem Zureden erwachte Renate nun aus ihrem Schlaf. Auch sie wurde nach einer kurzen Benommenheit auf die nun lauter und dumpf hallenden Schläge vor unserem Haus aufmerksam. Beide saßen wir jetzt ganz aufrecht im Bett. An Schlaf war nicht mehr zu denken. Es war wohl nun Sache des Mannes, nach dem Rechten zu sehen, dachte ich – und bewegte mich eher zaghaft in die Richtung meines Arbeitszimmers. Dieses hatte einen freien Blick auf die Straße und ich versuchte möglichst unbemerkt, die Gardinen etwas von der Wand wegzubewegen, um so ungehindert auf die Straße zu sehen. Was ich dann sah, war für mich zunächst unbegreiflich und ich hatte keinerlei Erklärung für das merkwürdige Bild, das sich mir bot: Eine kleine Gruppe von Männern bewegte sich ungehindert auf unserer Straße und schlug auf einige mitgeführte größere und kleinere Trommeln ein. Nur langsam bewegte sich diese merkwürdige Gruppe von türkischen Männern weiter; sie schienen nicht in Eile zu sein, sondern setzten ihr Werk fort – ganz offenkundig ohne Furcht, von ärgerlichen Anwohnern, Ordnungskräften oder gar der Polizei in naher Zukunft daran gehindert zu werden – was für mein Verständnis durchaus berechtigt gewesen wäre. Ich beschloss, den Vorhang vorsichtig wieder zu schließen, und ging zurück zu Renate ins Schlafzimmer. Sie sah mich mit weiten, etwas verängstigten Augen fragend an. Ich bemühte mich möglichst ruhig und sorglos zu sprechen, als ich sagte: „Auf der Straße spaziert eine Gruppe Verrückter herum und veranstaltet ein Konzert mit großen und kleinen Trommeln." Renate schien mit dieser zugegeben eher wenig plausiblen Erklärung nicht recht zufrieden und machte sich nun selbst ins Arbeitszimmer auf. Ich folgte ihr und nun, etwas mutiger geworden, öffneten wir die Gardine ein großes Stück weiter, um die sich inzwischen langsam von unserem Haus entfernenden Männer schweigend zu betrachten. Noch immer schlugen sie laut auf ihren Trommeln und noch immer schien unbegreiflicherweise keiner der Anwohner daran Anstoß zu nehmen. Zwar gingen in vielen der umliegenden Wohnungen die Lichter an, aber ein aus meiner Sicht verständliches Handgemenge auf der Straße oder ein gerechtfertigter Einsatz der Polizei blieb aus. Ich ließ mir all diese Fakten noch einmal durch den Kopf gehen und kam zu dem Schluss, dass dieses wohl irgendwie ein Teil der für uns immer noch fremden Kultur sein musste. Das erklärte ich auch Renate. Zwar waren wir nun bereits seit einigen Monaten in der Stadt, sprachen sogar hier und da schon einige für unsere türkischen Nachbarn gut

verständliche Sätze und hatten mit Erfolg eine eigene Wohnung ge-
mietet und eingerichtet. Aber es war wohl doch noch ein weiterer
Weg, um Asien und den Orient zu verstehen …

Nach einer eher unruhigen Restnacht mit einigen Fragezeichen im Innern tauschten wir uns beim Frühstück noch etwas über die nächtlichen Ereignisse aus. Ich beschloss, einen unserer Nachbarn zu fragen, ohne ihn und seine kulturellen Wurzeln zu verletzten. Schon bald, nachdem ich ansetzte von der nächtlichen Ruhestörung zu berichten, blickte er mit einem immer breiteren Grinsen und sichtlicher Erheiterung auf mich: „Onlar davulcular, görevini yapiyorlar" – zu Deutsch: „Das sind Trommler, sie tun nur ihre Arbeit!" Und dann erklärte er mir: „Es ist ja Ramadan!" In diesem muslimischen Fastenmonat ist es den Gläubigen untersagt, tagsüber Speisen und Getränke zu sich zu nehmen. Um dies dreißig lange Tage aushalten zu können, stehen viele Menschen bereits vor Anbruch des Tages auf und essen eine oft sehr üppige Mahlzeit. Damit die Bewohner einer Stadt oder eines Dorfes auch rechtzeitig genug für solch ein frühes Mahl aufstehen konnten, gingen früher Gruppen von Trommlern durch die Straßen, um die Menschen aufzuwecken. Diese Tradition wird auch heute in vielen Gegenden der Türkei fortgesetzt, zumal gegen Ende der Fastenzeit ein Trinkgeld dafür winkt.

Damit waren wir wieder um eine Erfahrung reicher und konnten Gott sei Dank immer noch über unsere kulturelle Unkenntnis in manchen Dingen lachen. Die Trommler kamen dann übrigens gegen Ende des Fastenmonates auch an unsere Eingangstür, schauten uns etwas verwundert an und fragten wie auch an allen anderen Türen nach einem „Bahsis" (Trinkgeld) für ihre frühmorgendlichen Weckdienste. Noch mehr irritiert waren sie wohl, als ich ihnen mit einem freundlichen Lächeln erklärte, dass ich ihnen ein Trinkgeld DANN geben würde, wenn sie demnächst NICHT mehr trommelnd durch unsere Straße ziehen.

Wir waren auch sonst froh, wenn wir hier und da unsere Nachbarn nach kulturellen Gepflogenheiten und dem richtigem Verhalten bei öffentlichen oder auch privaten Anlässen fragen konnten. Dabei konnte jedoch je nach sozialem oder familiärem Hintergrund der Nachbarn die Antwort durchaus unterschiedlich ausfallen. Auch in der Türkei muss man kulturelle Feinheiten innerhalb der verschiedenen Gesellschaftsschichten beachten. Was in Antalya toleriert wird, kann schon einige Hundert Kilometer weiter in Konya große Schande und unter aller Würde sein! Unsere Nachbarschaft war jedoch relativ homogen, die meisten Familien entstammten einer finanziell eher gesicherten Mittelschicht. Einige Studenten in unserem Haus, die in einer Wohngemeinschaft zusammenlebten, sowie eine sehr arme Familie in der Parallelstraße bildeten hier eine Ausnahme. Sie wurden zwar im Nachbarschaftsgefüge geduldet – jedoch nicht ohne zeitweilige Kommentare der übrigen Anwohner.

Tiefere Beziehungen pflegten wir in der näheren Umgebung mit einigen Familien und einer alleinstehenden Lehrerin. Da war zunächst Ahmet „Usta" (Meister) mit seiner Frau und zwei Kindern im Nachbarhaus. Ahmet Usta hatte direkt unter unserer kleinen Wohnung eine Werkstatt für Fahrräder und Mopeds. Manchmal reparierte er auch Motorräder und seine größte Vorliebe galt auf diesem Gebiet der Restauration von alten, fast antiken BMW-Motorrädern. Überhaupt war er der deutschen Technik sehr zugetan und einer seiner größten Wünsche war es wohl, einmal das BMW-Werk in München besichtigen zu können. Mit Ahmet Usta sprach ich während meiner täglichen Sprachrunden und auch sonst recht oft, manchmal schaute ich ihm auch bei seinen Reparaturen zu. Türkische „Ustas" auf diesem Gebiet verstehen sich meist sehr gut auf ihr Handwerk – was man von anderen „Ustas", besonders im Baugewerbe, nicht unbedingt sagen kann –, und es macht regelrecht Spaß, ihnen zuzuschauen. Ahmet Usta besuchte ich auch mit Renate zusammen, was uns mehr Gelegenheit zum Einblick in die Familie bot. Mit den Studenten in unserem Haus verband uns mehr ein fast tägliches „Hallo" auf dem Flur unseres Apartments; als Familie besucht man jüngere, alleinstehende Personen eher nicht, es sei denn, man ist mit ihnen verwandt. Trotzdem gab es immer wieder Zeit zum Austausch mit den jungen Männern und wir bekamen einiges von ihrem Leben mit. Sehr erfinderisch waren sie, wenn es darum ging, Geld zu sparen. Davon zeugte eines Tages z.B. ein langes Satellitenkabel. Es führte von einer anderen Wohnung bis zur Wohnung unserer Studentenfreunde und machte den beiden den Empfang des kommerziell-gebührenpflichtigen Privatsenders zum Nulltarif möglich. Überhaupt sind Türken auf diesem Gebiet sehr erfinderisch und weisen manchmal unverhohlen stolz auf solche Praktiken hin. Den Vogel schoss dabei eine Geschichte ab, über die eine der größeren Tageszeitungen des Landes berichtete – unter der Überschrift: „So etwas gibt es nur bei uns." In der Nähe einer der wenigen Autobahnen im Land war eine Siedlung mit Wohnhäusern gebaut worden. Die Häuser lagen zwar nahe der Autobahn, aber weit entfernt von der nächsten Auffahrt. Kurzerhand taten sich die Anwohner zusammen und legten ihre eigene kleine Straße bis zur Autobahn an und asphaltierten diese. Das Glanzstück dieser Arbeit war dann noch, dass sie das entsprechende Teil der Leitplanke zur Autobahn nicht nur mit entsprechendem Werkzeug trennten, sondern auch die getrennten Teile mit Scharnieren zum Öffnen und Schließen dieses persönlichen Zugangs versahen. Ob die Nutzergruppe das Scharnier dann auch noch mit einem Schloss versah, berichtete der Artikel dann nicht mehr…

Auf der uns gegenüberliegenden Seite der Straße wohnte unser „Taxi-Amca" (Taxi-Onkel). Wir nannten ihn so, weil er wie so viele Männer seines Alters, die bereits Rentner sind, als Nebenerwerb Taxi fuhr und seine Haltestelle ganz in der Nähe besaß. Sein richtiger Name war Musa (Mose) und wir unterhielten uns oft während meiner Sprachrunden. Seine Frau war meist zu Hause und die beiden Töchter besuchten die Schule. Musa war ein sehr ruhiger Mann und auch er half mir, manche kulturellen Dinge besser zu verstehen.

Mit ihm sprach ich unter anderem über die Flut, die ab und zu unseren Stadtteil und ganz besonders unsere Straße heimsuchte. Unsere Straße führte hinunter Richtung Meer und war damit auch eine der Leidtragenden bei größeren Regenfällen, die besonders in den Wintermonaten in Antalya nicht selten waren. Die Anwohner unserer Straße schienen diesen periodisch wiederkehrenden Fluten recht gelassen zu begegnen. Für mich, der ich zu solchen Zeiten öfter mit meinen Türkisch-Texten am Schreibtisch saß, war es jedoch völlig ungewöhnlich und fast wie im Kino, diesem „Naturschauspiel" zuzuschauen. Nach größeren Regenfällen schwoll das anfängliche Rinnsal vor unserem Haus zunächst ziemlich schnell an und versperrte recht bald Fußgängern den Zugang. Diese versuchten dann zunächst noch mit Schuhen die kleinen Bäche zu umgehen, entledigten sich ihrer aber bald und überquerten die anwachsenden Bäche mit hochgekrempelten Hosen und Röcken, die Schuhe in den Händen tragend. Der Autoverkehr kam bei steigender Flut ebenfalls zum Stocken, nicht selten streikten die Motoren. Teilweise lagen die Scheinwerfer und Auspuffrohre der Autos bereits unter dem Wasserspiegel. Eingeschlossenen Autofahrern blieb es nur übrig, ihr Auto nicht zu verlassen. Hätten sie es getan, wäre die dunkle Flut unweigerlich in ihr Auto getreten. Vorbeifahrende Lastwagen waren auf ihrer Ladefläche gespickt mit mitfahrenden Fußgängern, die sich z.T. noch mit Regenschirmen vor dem starken Regen schützten. Ismail, unser früherer Wohnungsgeber, erzählte mir einmal, dass einige geschäftstüchtige Landsmänner in solchen Situationen sogar an gewissen Straßenkreuzungen ihre Dienste anböten und gegen Bezahlung und mit nackten Hosenbeinen ihre jüngeren und älteren Mitmenschen auf die andere Seite trügen. Ich weiß allerdings nicht, ob dies auch heute noch in Antalya gängige Praxis ist. Ahmet Usta erzählte uns in diesem Zusammenhang von einer besonderen Rettungsaktion. Seine Hasen, die er in seiner Werkstatt hielt, wurden in der allgemeinen Geschäftigkeit der Flut völlig vergessen. Auch der Keller unseres Apartments war bereits überflutet. Letztlich erinnerte man sich aber doch noch der Hasen. In letzter Minute wurden sie aus der Werkstatt befreit – sie standen auf ihren Hinterläufen und hielten mit ganzer Kraft ihre Köpfe nach oben, um den ansteigenden Regenwassern standhalten zu können.

Wenn mein alter Lehrer Lothar Käser von Kultur als Überlebensstrategie in einem gegebenen Umfeld spricht, dann mag es ja neben den kulturell so angepassten Menschen auch die Tierwelt betreffen. In Antalya scheint das jedenfalls hier und da fast so gewesen zu sein…

Die Kirche im Haus lassen

Nach außen hin hatte es wirklich nicht viel mit einer Kirche gemein. Es ähnelte auch nicht im Entferntesten einem uns von Kirchen bekannten sakralen Raum. Auch gab es nicht viel von dem zu sehen, was etliche vielleicht für unabdingbar halten würden. Kein Priester oder Pfarrer, kein Altar und Beichtstuhl, von Messdienern ganz zu schweigen… Und doch hatte unser Miteinander eine heilige und für uns alle besondere Prägung. Als nur drei Familien kamen wir heute zusammen. Wir waren „die Kirche", nicht ein Gebäude war es. Unsere Kinder blieben bei uns und wir versuchten unsere Inhalte so zu gestalten, dass sie es auch verstehen konnten. Das hielt unsere kleine Sonntagsversammlung einfach. Sie hatte mit unserem Leben zu tun. Und darauf kommt es schließlich an. Und hatte Jesus nicht gesagt: „Denn wo zwei oder drei versammelt sind in meinem Namen, da bin ich mitten unter ihnen." Wir waren sogar mehr als drei. Und wir hatten ganz und gar nicht den Eindruck, dass Jesus sich unserer kleinen Zahl schämen würde…

Sowohl Renate in Österreich als auch ich in Deutschland waren Glieder einer lebendigen, christlichen Gemeinde. Für die Zeit unseres Zusammenwohnens mit Ismail und Hafize hatten wir uns vorgenommen gehabt, ganz in die türkische Gesellschaft einzutauchen und in dieser ersten Zeit unserer kulturellen Anpassung den Kontakt zu anderen Ausländern sogar möglichst zu vermeiden. Das bezogen wir auch auf den Besuch einer Gemeinde und wir machten auf diesem Gebiet manchmal etwas in unserem privaten Zweierrahmen. Z.B. feierten wir beide in unserem Salonzimmer hin und wieder in ganz privatem Kreis das Abendmahl. Mit dem Bezug unserer eigenen Wohnung erwachte dann das Bedürfnis nach einer uns mittragenden christlichen Gemeinschaft wieder etwas. Nur ist dies in einer zu mehr als 99% islamischen Gesellschaft ja nicht so einfach. Wir wussten von einigen anderen Ausländern in der Stadt und es gab unter ihnen auch solche, die einen ähnlichen Wunsch verspürten. Darunter waren auch Familien mit Kindern. Letztlich entwickelte sich hieraus ein kleiner Hauskreis, der sich vornehmlich sonntags traf. Dabei gab es durchaus unterschiedliche Bedürfnisse. Es entstand jedoch eine uns alle verbindende Runde, die auch sonst Bereiche des Lebens miteinander teilte. Ich habe es in unserer Zeit in der Türkei als etwas sehr Positives kennengelernt, unabhängig von den bekannten Traditionen der westlichen Kirchen und Gemeinden nach dem zu fragen, was eigentlich das Wesentliche am christlichen Glauben und der christlichen Gemeinschaft ist. Dabei empfand ich es fast wie ein Abenteuer, wichtige Grundwerte neu zu entdecken und zumindest im Ansatz in unserem kleinen Kreis oder auch an anderer Stelle zu leben. Als später Christen in der Stadt Antalya versuchten, solche Gemeinschaft auch mit einem als christliches Gemeindehaus zu erkennenden Gebäude zu verbinden, stieß man jedoch wie auch in vielen anderen Orten der Türkei auf große Schwierigkeiten. Überhaupt ist der Aspekt der Religionsfreiheit eines der für mich im Land problematischsten Bereiche. Daran ändert auch die mit großer Berichterstattung verbundene Einrichtung eines sogenannten „Dinler bahcesi" (Garten der Religionen) am Stadtrand Antalyas als Vorzeigeobjekt nichts. Wird schon Christen aus dem Ausland das Leben von staatlicher Seite sehr schwer gemacht, ist es für türkische Christen noch ungleich schwerer. Aus traditionell christlichen Volksgruppen stammende oder gar sich vom Islam zum Christentum zugewandte Türken erfahren bis heute Beobachtung und Verfolgung durch ihre Familien oder auch manche staatliche Institutionen. Einiges von dem haben wir selbst in Lebenszeugnissen von türkischen Freunden gehört, aber auch diese zahlreichen Beispiele würden hier den Rahmen sprengen. Antwortet man in der Türkei kompetent auf einige der vielen durch islamische Leiter oder auch Laien vorgebrachten Vorurteile oder spricht sonst über Wahrheiten des christlichen Glaubens, wird man ziemlich schnell als ein „Misjoner" (Missionar) abgestempelt. Und ein solcher wird so verstanden, dass er im Auftrag eines fremden Staates kommend versucht, Einheimische mit Geld zum Wechsel ihrer Religionszugehörigkeit zu bewegen und dem in vielen Augen allein fundierten und berechtigten Islam abzuschwören. Ein solches Stigma bringt, einmal belegt, den Ausländer in eine den Staat gefährdende Ecke und isoliert ihn von seinen türkischen Freunden. Vergleicht man diese Form der Unfreiheit in der Türkei mit der Situation der türkischstämmigen Mitbewohner in Deutschland auf diesem Gebiet, so besteht in meinen Augen ein deutlicher Handlungs- und Korrekturbedarf auf türkischer Seite!

Ade und bis bald ...

Fast etwas schwerfällig, hatte ich den Eindruck, erhob sich die gut gefüllte Boing 737. Gemessen an orientalischen Standards waren wir fast pünktlich gestartet. Schnell gewann das Flugzeug an Höhe. Die Räder wurden mit einem laut hörbaren Ruck eingefahren. Unter uns sahen wir vorerst zum letzten Mal die uns nun so bekannten Straßenzüge der schnell wachsenden Großstadt. Antalya war für uns in diesen zwei Jahren zu einer zweiten Heimat geworden. Vor uns erstreckten sich die Ausläufer des Taurus Gebirges. Nur ca. 3 ½ Stunden trennten uns von Deutschland. Es war eine viel zu kurze Zeit, um auch nur annähernd die Gefühle und Erlebnisse unserer ersten Türkeizeit zu reflektieren. Noch befanden wir uns über türkischem Boden. Ich wendete mich um und sah manch braungebrannte Urlauber um mich herum. Ob sie etwas vom Unterschied zwischen Mallorca und Antalya wahrgenommen hatten? Wir kannten ihn nach nun zwei Jahren in der Türkei – ansatzweise ...

Nach nun fast 18 Monaten in Antalya fühlten Renate und ich uns inzwischen recht wohl und sicher in unserem türkischen Umfeld. Unsere Sprachkenntnisse hatten sich enorm verbessert und wir konnten jetzt bereits mit unseren neuen Freunden und Bekannten über tiefere Themen sprechen. Eigentlich erfuhren wir fast jeden Tag etwas Neues über die uns umgebende Kultur und Gesellschaft. Unsere eher ungewöhnliche Sprachlernmethode half uns da sehr und manchmal war es richtig spannend, auf die Straßen zu gehen und Neues über die verschiedensten Themen zu erfragen. Die Sprache war da ein ungeheuer wichtiger Schlüssel zum Verständnis. Sie öffnete uns die Häuser und die Herzen der Menschen um uns herum. Unsere kleine Mietswohnung in der Stadt war für uns zu einem nett eingerichteten Rückzugsort geworden, aber auch immer wieder ein Platz der Begegnung mit einheimischen Freunden und auch hier und da Besuchern aus unseren Heimatländern. Letztere waren übrigens immer wieder überrascht, wie anders sich ihnen hier in Antalya die türkische Kultur präsentierte als in den verschiedenen Groß- und Kleinstädten Deutschlands oder Österreichs. Die Menschen hier in der Türkei erschienen ihnen aufgeschlossener und freundlicher.

Obwohl wir uns in vielerlei Hinsicht im Land recht wohl fühlten, merkten wir aber auch zunehmend, dass wir im Blick auf weitere Aufgaben eine Zurüstung brauchen könnten. Das betraf auch unsere Ehe. Wir waren ja vor unserem Auszug in die Türkei nur eine kurze Zeit verheiratet gewesen und hatten uns in dieser recht bewegten Zeit nicht besonders gut kennenlernen können. Hinzu kam, dass wir ja selbst eine interkulturelle Ehe führten. Österreich und Deutschland scheinen zwar auf den ersten Blick kulturell nicht sehr zu differieren, aber mit der Zeit merkten wir doch deutlich die durchaus verschiedene Prägung bei uns beiden. Es sind manchmal kleine Dinge, die Nachbarländer unterscheiden, aber in einem sehr engen Miteinander wie der Ehe können diese dann unter Umständen hier und da recht groß werden … Hinzu kam bei uns beiden, dass wir auch von unserer Persönlichkeit her sehr verschieden sind. Solche Defizite haben jedoch in einer anderen Kultur eher die Tendenz, noch größer als kleiner zu werden! Lässt sich einiges in der eigenen Kultur oft noch besser auffangen oder daran arbeiten, tritt es in einer fremden meist noch deutlicher zutage und kann unsere Leben negativ beeinflussen. In einer Zeit, wo manche Aussteiger unserer westlichen Industrienationen sich in andere, fremde Kulturen aufmachen, um neu anzufangen oder der stressigen Leistungsgesellschaft zu entfliehen, sei dies deutlich gesagt. Das mussten wir in unserer ersten Phase des Lebens in einer anderen Kultur auch erkennen und lernen.

Ein weiterer Punkt, der uns daran zweifeln ließ, jetzt sozusagen nahtlos an den eigentlichen Zielort unseres zukünftigen Lebens und Arbeitens zu wechseln, war auch die Frage unserer zukünftigen Existenz und der noch zum größten Teil ausstehenden Mitarbeiter für eine gedachte Teamarbeit. Zwar hatten wir ungefähre Vorstellungen von dem, wie sich zukünftige Dinge gestalten ließen, aber ein ganz klares Konzept und die richtigen Mitarbeiter fehlten noch. Hier konnte es also geraten sein, vielleicht doch noch einmal den Kontinent für eine Zeit zu wechseln, in Europa bessere Grundlagen zu legen, um dann besser gerüstet in die Türkei zurückzukehren. War dieser Gedanke besonders für mich selbst, der ich unsere neue Heimat lieben gelernt hatte, am Anfang eher schwer zu fassen, nahm eine solche Möglichkeit jedoch in den folgenden Monaten immer festere Konturen an. Auch gute Freunde rieten uns zu einem solchen Schritt und letztlich entschieden wir uns für ungefähr ein halbes Jahr in Europa an einigen Dingen zu arbeiten, um dann gestärkt in unsere neue Heimat zurückzukehren. Dass aus diesen gedachten sechs Monaten letztlich zwei Jahre wurden und wir nicht zu zweit, sondern als Familie in die Türkei zurückkehrten, steht auf einem anderen Blatt, besser gesagt im zweiten Teil unseres Buches – dem Bericht unserer vielen Jahre als deutsch-österreichische Familie in der Türkei.

Teil 2:

Von türkischen Behörden, asiatischem TÜV und staatlicher Schule – als Familie integriert

1. Unsere Siedlung –
Leben in der türkischen Mahalle

Auf ein Neues …

Bereits vor geraumer Zeit hatte unsere große Fähre im Hafen der Millionenstadt Izmir angelegt. Mit mehr oder weniger Aufregung und Spannung warteten viele Fahrzeugbesitzer auf die Abfertigung durch die Zollbeamten. Immer wieder gab es neue Nachrichten von Mund zu Mund über die nötigen Papiere und Formalitäten, um das Hafengelände mit seinem Auto verlassen zu können. Schließlich wurde das Prozedere etwas durchsichtiger und ich verließ unser Fahrzeug und meine junge Familie, um vorne an der Zollstation meine inzwischen ausgefüllten Dokumente einzureichen. Mit den nötigen Stempeln und Dokumenten versehen durften wir uns dann mit dem Wohnmobil in die wartende Schlange einreihen. Inzwischen war es bereits spät geworden und die Sonne neigte sich hinter den hohen Häusern der Großstadt. Bis wir dann wirklich an der Abfertigung angelangt waren, dauerte es eine weitere Zeit und es war dunkel geworden. Hanna war inzwischen hinten im Wohnraum des Fahrzeuges eingeschlafen. Nun konnte ich den Anfang der vor uns wartenden Fahrzeugreihe sehen. Mit Schrecken beobachtete ich, dass die Zollbeamten die Fahrzeuge teilweise inspizierten und offensichtlich nach Schmuggelware etc. Ausschau hielten. Wir aber hatten im hinteren Teil unseres Mobils so viel Umzugsgut und so viele Kartons! Wenn wir die alle ausräumen oder auch nur hervorholen müssen …
Als wir endlich an der Reihe waren, bedeutete mir eine Zollbeamtin, die Tür zum hinteren Teil des Wohnmobils zu öffnen. Da fiel mir eine gute und jetzt recht bedeutende Geste ein: Ich legte meinen Finger auf den Mund, öffnete die Tür und zeigte auf unsere schlafende Prinzessin hinter dem Führerhaus des Wagens. Die Beamtin verstand, warf aber dennoch mit ihrer mitgeführten Taschenlampe einen Blick in das Hintere des Wagens. Fragend deutete sie auf das Gewirr von Kartons und mitgeführten Gebrauchsgegenständen. Sogar ein noch verpacktes Fitness-Bike hatte ich aus Deutschland mitgenommen. Zuvor hatte sie uns wohl als Touristen auf Urlaubsreise

gewähnt. Ich zuckte die Schultern und letztlich wird es wohl auch der Beamtin zu viel gewesen sein, auf diese merkwürdigen Urlauber weiter einzugehen. Sie bedeutete mir weiterzufahren. Welche Erleichterung, wir waren durch …

Einmal aus dem Hafengebiet heraus, verließen wir so schnell wie möglich die riesige Stadt und begaben uns auf den Weg Richtung Südwesten. Inzwischen waren wir also zu einer kleinen Familie geworden. Unsere gerade einjährige Hanna schlief hinten im Auto weiter, ihrer neuen Heimat entgegen. Unsere Route führte uns u.a. an dem antiken Ephesus vorbei, wir trugen bereits ein Schild unserer Reisegesellschaft im Führerhaus. Über Aydin, einer anderen Provinz der Türkei, fuhren wir dann auf das Hochplateau der Provinz Mugla, deren gleichnamige Hauptstadt ja unser Ziel war. Hanna machte die Reise sehr gut mit und auf der Hochebene gestatteten wir uns eine Rast in einem der vielen Olivenhaine. Von hier aus war es nicht mehr weit bis zu unserer neuen Heimat und mit jedem Kilometer wuchs in uns die Spannung auf den für uns alle neuen Lebensabschnitt. Von der einführenden Landstraße konnten wir dann einen ersten Blick auf die Stadt werfen und machten ein Foto zur Erinnerung. Hier lag nun nach ungefähr 3000 Straßen- und Seekilometern unsere neue Heimat vor uns. Es war ein bewegender Augenblick und wir konnten dankbar sein für die zurückliegende, lange Reise. Nach der Einfahrt in die Stadt dauerte es nicht mehr lange, bis wir vor unserer vorab gemieteten Wohnung parkten. Unser Freund Hüseyin und seine Familie begrüßten uns herzlich. Während Renate und Hanna in deren Wohnung warteten, lud ich mit dem Sohn der Familie unser Wohnmobil aus. In den ersten Tagen unseres Hierseins sollten wir von diesem Inhalt leben. Für Hanna hatten wir ein kleines Kinderbett mitgeführt, uns blieb zunächst nur, auf den in die Wohnung getragenen Polstern des Wohnmobils zu schlafen. Wir hatten also nun eine recht große Wohnung, jedoch kaum Möbel und noch keinen Kühlschrank und keinen Herd. Diese befanden sich ja noch in unserer alten Wohnung in

Antalya und nach einigen Tagen machte ich mich auf, um diese herbeizuschaffen.

In der Zwischenzeit hatten uns unsere neuen Nachbarn an vielen Stellen großzügig ausgeholfen. Die Wohnung lag eingebettet in mehrere Wohnblöcke eines Neubaugebietes am Rande der Stadt. Die Nachbarschaft setzte sich zumeist aus Familien mit mehreren Kindern oder auch, wie es in der Türkei noch vielerorts üblich ist, mehreren miteinander wohnenden Generationen zusammen. Uns wurde mit Kühlmöglichkeiten und auch der Benutzung des Gasherdes ausgeholfen, vielfach wurden wir auch von Nachbarn zum Essen eingeladen. Auch unsere neuen Freunde von Gegenüber, Hüseyin und seine Familie, versuchten uns nach Kräften den Einstieg in das neue Umfeld zu erleichtern. Sie überließen uns sogar für die erste Zeit einen von ihren beiden Telefonanschlüssen. Einen solchen Anschluss zu bekommen war zu dieser Zeit in der Türkei noch keineswegs einfach und so hatte manche Familie schon einmal mit einer zweiten Leitung vorgesorgt. Insgesamt kam es uns wohl auch sehr zugute, dass unsere neuen Nachbarn sehr gut mitfühlen konnten mit solchen, die ohne verwandtschaftliche Beziehungen in einem für sie neuen Umfeld lebten. Für eine beziehungsorientierte Kultur ist das eine Riesenherausforderung.

In der Türkei gibt es ein Sprichwort, das besagt: „Ev alma, komsu al" (etwa: achte beim Hauskauf nicht auf das Haus, sondern auf die Nachbarn). Dieses gibt einen Hinweis auf die hohe Bedeutung nachbarschaftlicher Beziehungen im Land. Und dies durften wir gerade in unseren ersten Tagen dort in Mugla an vielen Stellen erfahren. Oft half man uns aus, lud uns ein oder brachte uns Dinge vorbei. Wir lernten in dieser Zeit viele Menschen kennen. Natürlich war auch Hanna mit ihrem damals blonden Lockenkopf ein großer Anziehungspunkt in der Nachbarschaft. Türken sind ja in der Regel fast verrückt nach Kindern und dies bekam unsere Tochter vielfach zu spüren. Manchmal wurde es ihr wohl auch zu viel und sie tat dies dann lautstark kund. Das tat ihren Beziehungen zu den für sie noch fremden Menschen aber keinen Abbruch.

Nach einigen ersten Tagen der Eingewöhnung wurde es Zeit, unsere Möbel von Antalya in die neue Heimat, die Nachbarprovinz, zu bringen. Nachbarschaft kann in der Türkei dennoch eine weite Entfernung bedeuten. Es ist ein großes Land. Mit einem der bequemen und klimatisierten Reisebusse machte ich mich allein auf den Weg über die schöne Küstenstadt Fethiye und ein anschließendes Hochplateau nach Antalya. Die Reise dauerte ca. 5 Stunden, wesentlich länger aber die ja bereits oben beschriebene Rückfahrt mit den türkischen Möbelpackern. Der Abschied von Antalya und der Umgebung dort fiel mir nicht leicht. Ich packte nach meiner Ankunft einige kleinere Dinge zusammen und verbrachte eine letzte Nacht in unserer alten Wohnung. Wie viel hatten wir doch hier erlebt, wie viele uns lieb gewordene Menschen ließen wir zurück. Bis heute habe ich eine besondere Beziehung zu der Stadt und hin und wieder besuchten wir sie später als Familie. Nach dem Umzug blieben die Möbelpacker noch kurz zu einer Erfrischung bei uns, verabschiedeten sich aber dann recht bald für ihre wieder sehr lange Rückreise. Solch einfache Arbeiter haben in der Türkei kein leichtes Leben. Ich bewunderte manches Mal diese Männer, die oft zu Hause eine Familie mit mehreren Kindern zu versorgen haben.

Nun etwas besser ausgerüstet, freuten wir uns immer mehr an unserer schönen Wohnung in Mugla. Jetzt konnten wir sogar daran denken, einmal selbst den einen oder anderen Nachbarn einzuladen. Zwar waren unsere Möglichkeiten nach wie vor eher bescheiden, aber wir wollten irgendwie auch die viele Freundlichkeit unserer Nachbarn wiedergutmachen. Inzwischen war es Sommer geworden und wir konnten uns bis in den späten Abend hinein gut auf dem Balkon aufhalten. Im Gegensatz zu Antalya ist Mugla von seinem Klima her sehr angenehm. Zwar ist es im Sommer auch heiß, aber die ca. 600 Höhenmeter über dem naheliegenden Meeresspiegel machen einen gewaltigen Unterschied. Die Luft ist trocken und in der Nacht kann man bei recht angenehmen Temperaturen besser schlafen. Von Mai bis Mitte Oktober hat man so ein gutes Klima mit meist Sonnenschein und nicht viel Luftfeuchtigkeit.

Im Winter regnet es viel, aber das ist dann wiederum eine sehr gute Zeit für gegenseitige Besuche und Kontaktpflege. Durch unser intensives Sprachelernen in Antalya hatten wir nun sehr gute Voraussetzungen, um in die Stadt und mancherlei Beziehungen hineinzufinden. Wir begannen in unseren Stadtteil hineinzuwachsen …

Eine Episode war von meiner Seite zwar gänzlich ungewollt, verhalf uns aber vielleicht zu einem noch höheren Bekanntheitsgrad in unserem Stadtteil. Einige der Bewohner unserer Stadt und ich selbst erinnern sich daran mit Schmunzeln: Neben den Möbeln hatte ich damals aus unserer alten Wohnung in Antalya auch unsere Fahrräder mitgebracht. Obwohl es in Mugla oftmals auf und ab geht und viele der Einheimischen eher das Rad scheuen, war es uns selbst auch hier ein gern genutztes Beförderungsmittel. Vielen uns nicht so gut kennenden Einheimischen bin ich wahrscheinlich auch als der Rad fahrende Deutsche bekannt und gehöre allein deshalb irgendwie zum Erscheinungsbild der Stadt. Eines Morgens machte ich mich mit dem Rad bei leichtem Regen wieder einmal ins Stadtzentrum auf. Vor der Nässe schützte ich mich mit einem aufgespannten Schirm in der rechten Hand. Etwas, was ich vielleicht gehört hatte, mir aber an dem Tag nicht so gegenwärtig war, kreuzte nun in einer sehr beeindruckenden Art und Weise meinen Weg. Süleyman Demirel, der damalige Staatspräsident der türkischen Republik, hatte einen Besuch in unserer Stadt und Provinz angekündigt. Solche Besuche werden in der Türkei in aller Regel sehr gut vorbereitet und von der jeweiligen Stadt bzw. Provinzregierung auch zur Repräsentation genutzt. So kommt es häufig vor, dass Umzüge geplant werden, die Stadien gefüllt oder ein Konvoi mit teuren Autos stattfindet. So ungefähr sollte es auch an diesem Tag sein. Beginnen sollte der Besuch mit der Ankunft des Staatspräsidenten auf dem zu uns nah liegenden Soldatengelände. Mit dem Hubschrauber dort ankommend, sollte der Präsident dann vorbei an vielen Schulkindern, die mit Fahnen und ihrer üblichen Schulkleidung am Wegrand standen, in unsere Stadt einfahren. Dass ich bei dieser stattlichen Einfahrt mit der

Staatskarosse eine Rolle spielen sollte, hätte ich an diesem Morgen wohl weniger gedacht. Ich verabschiedete mich wie gewohnt von Frau und Kind und bog mit meinem Fahrrad auf den zur Umgehungsstraße führenden Weg ein. Nach ca. 100 Metern traf ich auf diese und machte mich, vielleicht ob der in der Stadt anstehenden Aufgaben, rechts abbiegend auf die größere Straße. Hier aber wurde ich bereits von Hunderten von Kindern „erwartet", die sich vielleicht zu Recht fragten, was denn dieser Ausländer mit dem Fahrrad auf diesem (für mich nicht sichtbar) abgesperrten Weg mache. Den nun einmal eingeschlagenen Weg fortsetzend, radelte ich weiter Richtung Stadt. Einige der umstehenden Schulkinder fingen nun aber an, mit ihren Fahnen dem interessanten Ausländer zuzuwinken, und bald entwickelte sich ein freudiges Johlen und Winken von immer mehr der am Wegrand stehenden Kinder. Einige Ordnungskräfte, die auf der Zufahrtstraße bereitstanden, wurden nun auf das zunehmend muntere Treiben aufmerksam und waren sicher angesichts meiner interessanten Erscheinung zusätzlich verunsichert. Sie gaben mir letztlich zu verstehen, diese Prozession zu verlassen, und ich beeilte mich, meinen Weg schnell fortzusetzen. Wie viel Beachtung der später folgende Staatspräsident dann noch bekam, entzieht sich meiner Kenntnis, ich hoffe, er hatte letztlich eine gute Zeit in unserer Stadt. Ich hatte jedenfalls eine solche, als ich dies Erlebnis dem ein oder anderen türkischen Freund später erzählte! Manche Integration geschieht jedenfalls ungeplant und wie von selbst ...

Unsere Mahalle

Der von den immerhin noch wenigen Autos aufgewirbelte Staub machte es nötig, öfter die Fenster zu putzen. Noch waren die Straßen nicht asphaltiert, es gab auch keine Anzeichen auf eine zeitnahe Veränderung dieses Zustandes. Die Nachbarn sagten, dass dies gewöhnlich seine Zeit brauche. Schließlich sei unsere Mahalle erst vor Kurzem bezugsfertig geworden. Die vielen Wohnungen füllten sich langsam mit immer mehr Mietern oder Eigentümern. Auch in un-

serem Wohnblock brannten abends immer mehr Lampen. Sie zeug-
ten von jungen und älteren Menschen, die hinzugezogen waren in
unsere Mahalle. Menschen, mit denen uns in nächster Zeit manches
verbinden würde. Gewollt oder ungewollt…

Obwohl eine „Mahalle" im Deutschen wahrscheinlich vom
Wort her am besten mit Stadtteil zu übersetzen wäre, ist sie
doch weit mehr als ein solcher. Eine Mahalle umfasst nicht nur
Wohnblöcke, Straßen und Nachbarn. Sie ist vielleicht besser
zu beschreiben als das ganze pulsierende, manchmal fast über-
sprudelnde Leben innerhalb eines Wohngebiets mit seinen
jungen und alten Menschen, kleinen Geschäften, am Wegrand
sitzenden Nachbarn, Feiern über den Hof und die Straße.
Hier hört man Kinder lachen, Frauen keifen, Männer disku-
tieren, Nachbarn von Balkon zu Balkon rufen. Hier geschieht
Leben. Und in eine solche Mahalle waren wir aufgenommen
und bald von allen gekannt und akzeptiert. Es gibt einem
Menschen eine große Sicherheit, in einem fremden Land
nicht nur angekommen, sondern auch aufgenommen zu sein
– einfach dazuzugehören. Diese Zugehörigkeit trägt, wie wir
bald erfahren konnten, Rechte wie Pflichten, ist aber für mich
ein unverzichtbarer Bestandteil wirklicher Integration. In einer Zeit der in Deutschland und anderen Staaten der europäischen Gemeinschaft z.T. heftig geführten Diskussion zum
Thema Integration glaube ich, dass eine solche Zugehörigkeit
zur „Mahalle" einen unschätzbaren Wert hat. Und hier bedarf
es der unbedingten Anteilnahme beider Parteien. Nicht nur
aus diesem Grunde sehe ich es als eine sehr schlechte Entwicklung in manchen deutschen Großstädten, dass deutsche Bür-
ger und solche mit Migrationshintergrund, speziell einem türkischen, nicht etwa Seite an Seite, sondern in verschiedenen
Wohngegenden getrennt voneinander leben. Solche Entwicklungen werden den zahlreichen Integrationsbemühungen der
Bundesregierung sicherlich nicht zuträglich sein, sondern ein
starkes Hindernis auf diesem Weg.
 Unsere Mahalle bestand aus vielen Wohnblöcken, die innerhalb einer sogenannten „Kooperative" gebaut worden wa-

ren. Eine Kooperative ist ein in der Türkei sehr oft getätigtes Vorhaben verschiedenster Einwohner einer Stadt. Man tut sich zu einer größeren Gemeinschaft zusammen, um mit vereinten Kräften und Überlegungen daran zu arbeiten, Besitzer einer eigenen Wohnung werden zu können. Die für einen Einheimischen oft hohen Kosten des Wohnungsbaus werden durch eine so gestaltete Kooperative verringert. Man trägt gemeinsam einen Architekten, Bauträger und Materialien, so dass die Kosten auf mehrere Schultern umgelegt werden können. Da jeder zukünftige Wohnungsbesitzer aber meist nur einen gewissen monatlichen Beitrag zahlen kann und kaum Rücklagen hat, kann sich das Vorhaben oft sehr in die Länge ziehen. Nicht nur aus diesem Grund sieht man in der Türkei viele noch unvollendete Bauvorhaben an den Straßen und in den Städten. Die Zahlung der monatlich fälligen Beiträge kann da schon mal ein Problem darstellen und Grund zu Meinungsverschiedenheiten sein. Auch in unserer Mahalle hat es nach Aussagen unserer Nachbarn ca. zehn Jahre gebraucht, bis die einzelnen Bauten annähernd bezugsfertig waren. Sogar danach ist das Zusammenleben in einer Mahalle manchmal nicht unproblematisch, wie wir an einem massiven Heizproblem feststellen mussten.

Unsere Lösung der Krise bestand in zwei Elektroöfen, die wir von einem geschäftstüchtigen Bekannten kauften. Der wurde später Bürgermeister einer Nachbarstadt, wie wir hörten. Meist benutzten wir wegen der hohen Stromkosten nur einen der Öfen, und zwar in der Küche. Diese entwickelte sich so zu einem von uns vielfach genutzten Familienort und wurde letztlich neben Küche, Arbeits- und Wohnzimmer sogar auch noch zum Badezimmer. Hanna hatte Freude, in ihrer Badewanne mitten unter uns zu plantschen und tat dies manchmal mit einem kleinen Jauchzen kund. Welch traute Familienatmosphäre sich doch auch durch solche vermeintlichen Defizite entwickeln kann. Wir hatten gelernt, mit Andersartigkeiten in unserer neuen Heimat umzugehen, und waren auf dem Weg, „den Türken ein Türke zu sein". Als solche wurden wir, denke ich, auch immer mehr erkannt und in die Gemeinschaft der Mahalle aufgenommen.

Was die Sache mit der Heizung angeht, so trug man den Fall wohl auch bis zum Bürgermeister der Stadt. Dieser war erst seit kurzer Zeit im Amt und arbeitete zuvor als ein wohlbekannter Arzt in Mugla. Bis heute ist Osman Gürün im Amt und hat, soweit ich es beurteilen kann, der Stadt viel Gutes getan. U.a. konnte er den negativen Finanzetat in schwarze Zahlen führen und verstand es auch sonst, an vielen Stellen Projekte zu leiten und zu einem guten Ergebnis zu führen. Regelmäßig erhält er einen Preis und wird zum besten Bürgermeister der ganzen Provinz gewählt. Mit den Jahren verband uns eine wachsende Freundschaft mit ihm und seiner Frau. Des Öfteren besuchte ich Osman Gürün in seinem Amtssitz und er hatte immer ein offenes Ohr für unsere Anliegen als wenige Ausländer in der Stadt. Auch privat sahen wir uns hin und wieder, sei es auf seinem Landsitz am Rande der Stadt oder auch einmal bei uns zu Hause zum gemeinsamen Essen. Ich schätze diesen Mann sehr und bin von ihm nie enttäuscht worden, etwas, was ich nicht von allen Offiziellen in der Türkei sagen kann.

Ob es Osman Gürün war, der dazu beitrug, weiß ich nicht – jedenfalls nahm dann nach zwei relativ funktionslosen Jahren die zentrale Heizungsanlage ihre Arbeit auf. Zu diesem Zeitpunkt waren wir als Familie aber bereits in ein kleines Reihenhaus gezogen. Dieses hatten wir zwar eigentlich für unsere privaten Gäste gedacht, aber die kalten Umstände unserer Wohnung ließen uns denken, dass dies ein richtiger Schritt sei, besonders im Blick auf unsere noch sehr kleine Hanna.

Andere größere Probleme hatten wir mit unserer Mahalle und den Nachbarn um uns herum eigentlich nicht. Einiges hat man uns sicherlich auch nachgesehen, waren wir doch in den Augen vieler immer noch die „yabanci" (Ausländer). An einen Fall, wo wir besonders der Nachsicht unserer Nachbarn bedurften, kann ich mich noch gut erinnern: Schon zu unserer ersten Zeit in Mugla bekamen wir hier und da Besuch von Freunden und Bekannten aus unseren Heimatländern. Zu diesen gehörte auch ein Ehepaar, das uns ganz besonders nahesteht und uns inzwischen während vieler Jahre „durch Dick und Dünn" begleitet hat. Sie quartierten wir zu einer Zeit, als wir bereits im Umzug zu unserem kleinen Reihenhaus begriffen waren, in unsere Mietswohnung ein. Vielleicht hatten wir es versäumt, auf ein kleines, aber immens wichtiges Detail bei der Nutzung vieler türkischer Toiletten hinzuweisen. Hatte man dort nämlich sein Geschäft, darf man das Toilettenpapier nicht wie bei uns in die Toilette werfen, sondern entsorgt es in einem bereitstehenden, kleinen Eimer. Diese Praxis rührt daher, dass die Einheimischen ja in der Regel nicht Toilettenpapier benutzen, sondern sich nach ihrem Geschäft sozusagen den Po waschen. Das ist hygienischer, als man vielleicht zunächst denkt, und macht dickere Kanalrohre für den Durchfluss von Papier etc. eigentlich unnötig. Die braucht man aber, wenn man Toilettenpapier verwendet und abfließen lässt. Der aufmerksame Leser weiß jetzt, was kommt und unweigerlich den Dialog mit unseren unten wohnenden Nachbarn beleben musste... Die riefen uns nämlich in ihrer Verzweiflung eines unverhofften Tages an und schilderten uns in schnellen, bewegten Worten ihre große Not. Die Wohnung sei überschwemmt und unsauber, wir sollten doch schnell kommen und jemanden rufen etc. Ein Klempner nahm sich dann dieser unguten Aufgabe an und verlangte anschießend zu Recht einen kleinen Bonus für dieses nicht sehr ästhetische Geschäft. In der Folge beeilten wir uns jeweils, unsere Gäste auf die korrekte, den türkischen Verhältnissen entsprechende Toilettenbenutzung hinzuweisen...

„Damla, damla göl olur" – Sprichwörter und deren praktische Anwendung...

Es tropfte. Und das nicht erst seit gestern. Ich hatte es ihm doch gesagt. Mehrmals sogar. Zum Glück war noch niemand von uns auf den zum Teil nassen Fliesen ausgerutscht. In meinen Augen war es aber nur eine Frage der Zeit. Die Toilettenumrandung war nass. Wieder ein Tropfen. Irgendwann würde das Fass überlaufen. Renate drängte mich nochmals, mit unserem Nachbarn zu sprechen. Was sollte ich mehr tun, als ihn auf den Missstand hinweisen. Was tun in einer fremden Kultur, deren Grenzen man noch nicht ausgelotet hat? Doch gerade ein Teil dieser Kultur würde mir zum Schlüssel werden. Das Fass kam nicht zum Überlaufen …

Mit dem Blick auf sanitäre Anlagen kann ich nun auch gut auf türkische Sprichwörter zu sprechen kommen. Ich finde, dass Sprichwörter neben der Landessprache manchmal wie ein zusätzlicher Schlüssel zum Herzen der Menschen wirken. Oft und gerne lasse ich bis heute türkische Sprichwörter oder Redewendungen in das Gespräch mit Einheimischen einfließen und habe den Eindruck, dass meine Gesprächspartner dies respektieren und mir fast noch einmal auf einer anderen menschlichen Ebene begegnen. Viele türkische Sprichwörter machen einen guten Sinn und haben eine tiefere Bedeutung. Manche kommen uns, verglichen mit unseren Sprichwörtern, bekannt vor, andere sind uns gänzlich fremd. Es macht mir große Freude, solche Sprichwörter auf den Alltag zu übertragen, und hier und da habe ich da sowohl Anerkennung als auch Erheiterung der umstehenden Einheimischen erlebt. Manchmal helfen Sprichwörter sogar Geld zu sparen oder Konflikte zu lösen, von einzelnen Beispielen wird an dieser Stelle zu reden sein.

Den guten Anschluss an die Ausführungen im letzten Kapitel bietet unsere Erfahrung mit dem türkischen Sprichwort: „Damla, damla göl olur" (Tropfen für Tropfen entsteht ein See). Die Kenntnis dieses Sprichwortes und dessen Anwendung verschonte uns einmal vor sehr viel mehr Ärger und bewahrte die nachbarschaftlich gute Beziehung zu einer Familie im oberen Stock unseres Hauses. Und das kam so:

Nach unserem ersten Einleben in Mugla und dem anfänglichen Leben im Wohnmobil begannen wir nach dem Umzug unserer Möbel von Antalya hierher unsere recht große Mietswohnung zu genießen. Platz hatten wir als kleine Familie genug und wir freuten uns auch über das geräumige Badezimmer mit einer dazugehörigen Badewanne. Die Wohnungen in unserem Apartmenthaus waren vom Schnitt her so gebaut, dass sie relativ identisch waren und sich so auch das Badezimmer der Nachbarn oben genau über unserem befand. Durch den gemeinsamen Lüftungsschacht fühlten wir uns auch recht gut miteinander verbunden… Dass diese Tatsache nicht nur Vorteile hatte, erkannten wir dann jedoch recht bald. Und zwar merkten wir, dass sich von unserer Decke im Bad langsam, aber beständig Tropfen sammelten und auf dem Boden kleine Pfützen bildeten. Die Ursache des Ganzen musste unzweifelhaft im oberen Stockwerk zu finden sein. Also nahm ich die Gelegenheit wahr, in einer der nächsten Begegnungen mit unseren Nachbarn von oben dieses anfangs kleine Problem anzusprechen und auf den möglichen Defekt hinzuweisen. Unser Nachbar, der ein recht freundlicher Mitarbeiter der hiesigen Universität war und wie ich eine kleine Familie führte, nahm diesen Hinweis auf und versprach, sich darum zu kümmern. Als sich in den nächsten Tagen und sogar Wochen nichts an unserer tropfenden Decke veränderte und der nasse Boden unseres Badezimmers für uns eine beständige Erinnerung bildete, wagte ich bei einer weiteren Begegnung einen erneuten Vorstoß. Wieder meinte der Nachbar, dass er sich darum kümmern würde. Nach einer weiteren Wartefrist und nassen Füßen im Bad regte sich dann langsam unser deutsches Gefühl für Ordnung und Gerechtigkeit. Es rumorte im Inneren und unsere gute Meinung vom netten Nachbarn im oberen Stock begann zu wanken. Solche beginnenden oder bereits vorhandenen Konflikte richtig zu handhaben ist in der Türkei, wie wir auch in den nachfolgenden Jahren manchmal feststellten, eine nicht kleine Kunst. Man ist es im Land nicht gewohnt, Probleme bei anderen Menschen, besonders außerhalb des eigenen Familienkreises, direkt anzusprechen. Deshalb bedient man sich öfter einer dritten Person, um seine Probleme an den Mann/die Frau zu bringen. Dieses Vorgehen bewirkt dann aber nicht selten Parteiungen und noch größere Probleme unter den Menschen. Auch aus diesem Grund wollten wir uns solcher Mittler eigentlich nicht gerne bedienen und suchten in diesem Fall nach einem gangbaren und die zuvor doch recht gute Nachbarschaft erhaltenden Weg. Da kam mir eben dies oben genannte Sprichwort in den Sinn. Wie würde das in einer solchen Situation auf einen Einheimischen wirken? Ich wollte es drauf ankommen lassen und nutzte recht bald eine der nächsten Begegnungen mit unserem Nachbarn. Dabei achtete ich darauf, mit ihm allein zu sein, denn in der türkischen Kultur vermeidet man es, Leute vor anderen Menschen zu konfrontieren. Im Flur unseres Apartments ergab sich die gewünschte Gelegenheit und nach einer kurzen Plauderei zu Beginn (man kommt hier nicht gleich zur Sache, auch das muss ein Europäer lernen) ließ ich mein Gegenüber auch am Tonfall erkennen, dass ich ein Anliegen auf dem Herzen trage. Sie hätten doch da ein Sprichwort, sagte ich, und der Mann schien gespannt zu sein auf das, was jetzt kommt. „Damla, damla göl olur", heißt es doch, sagte ich, und machte eine Gedankenpause. Im Gesicht meines Nachbarn vernahm ich zunächst ein Erstaunen, dann ein immer breiter werdendes Grinsen und Verstehen. Wir mussten jetzt nicht mehr viele Worte machen. Man hatte sich verstanden und jeder wusste, um was es ging. Daher war ich auch überhaupt nicht erstaunt, bereits in den nächsten Tagen oben im Badezimmer der Nachbarwohnung Klopfen und andere Geräusche zu hören, die uns Gutes verhießen. Und tatsächlich stellte sich das beständige Tropfen von oben fortan ein. Mit unseren Nachbarn verband uns weiterhin eine herzliche Beziehung, auch nach unserem Wegzug aus der Siedlung grüßen wir uns weiter in der Stadt. Wie anders hätte sich unser Miteinander ohne das hilfreiche Sprichwort gestalten können!

Mit Pekuniärem hat auch eine weitere Redewendung im Türkischen zu tun. Mancher Landsmann wunderte sich hier wohl ebenfalls über unser Verständnis der Dinge: Frühere Generationen der türkischen Bevölkerung bedienten sich meist eines sehr einfachen, rund gehaltenen Geldbeutels zur Verwaltung ihres momentanen Geldbestandes. Die sogenannte „kese" wurde im Hosensack der Männer mitgeführt, wahrscheinlich gab es auch einen geeigneten Aufbewahrungsort bei den anders gekleideten Frauen. Jedenfalls führte man im Dorf und auch der Stadt die „kese" bei den nötigen Gängen, zum Beispiel zum meist wöchentlich gehaltenen Bazar, mit sich.

Gab nun jemand ein Gastmahl oder zeigte sich in sonst einer Weise großzügig gegenüber anderen Menschen, wünschte man der Person ein herzliches „kese'ne bereket" (Dein Geldbeutel sei gesegnet). Hat sich die „kese" in den nachfolgenden Jahrzehnten in der Türkei eigentlich kaum gehalten und ist in weiten Teilen des Landes durch die auch bei uns übliche Brieftasche ersetzt, ist dennoch das damit verbundene Sprichwort erhalten geblieben. „Kese'ne bereket" wünscht man sich auch heute noch bei den verschiedensten Anlässen. Da wir während unserer vielen Jahre im Land hier und da mehr oder weniger große Gruppen von Einheimischen einluden und bewirteten, wurde uns ebenfalls dieser nett gemeinte Segensspruch gesagt. Bei einem dieser Wünsche fragte mein Gegenüber dann anschließend, ob ich denn überhaupt wüsste, was eine „kese" sei. Wie groß war wohl sein Erstaunen, als ich eine solche aus der Tasche holte und den rundlichen und einfachen Geldsack der umstehenden kleinen Gruppe von Einheimischen präsentierte. Ich hatte nämlich bereits in den Anfängen unserer Zeit in der Türkei den praktischen Wert dieser kleinen, nützlichen Einrichtung schätzen gelernt und gebrauche diese Art Geldbeutel bis heute. Auch in solch kleinen Dingen kann man Integration wirklich sein lassen und auf einfache Weise den Einheimischen in ein nettes Erstaunen versetzen!

Natürlich kann man auf dem Gebiet der kulturellen Vielfalt und der Gebräuche eines Volkes nie auslernen. Immer wieder wird man in neue Erfahrungen eintreten und mit Überraschungen des täglichen Lebens zu tun haben. Diese Tatsache ist für mich bis heute auch eine Art Würze des Miteinanders mehrerer Kulturen im praktischen Lebensalltag. Dieses Miteinander und diese „Würze" positiv zu sehen und als solche anzunehmen, wird sicherlich z.B. in Europa eine der großen Herausforderungen des menschlichen Miteinanders der kommenden Jahre werden. Für uns war diese Art des kulturellen Lernens mit vielen eigenen Fehlern verbunden. Aber auch in dieser Hinsicht half mir mancherorts ein türkisches Sprichwort. Dieses ist im Land, wenn auch meist in anderem Zusammenhang verwendet, weithin bekannt. Es findet seine Anwendung oft im weitgefächerten Bereich von Bildung und Erziehung. „Bilmemek ayip degil, ögrenmemek ayip" könnte man am besten übersetzen mit: „Es ist keine Schande, etwas nicht zu wissen, sondern es nicht zu lernen!" Dieses Sprichwort kann aus einiger kultureller Bedrängnis und Peinlichkeit ob der mal wieder gemachten Fehler hinaushelfen. Jeder Einheimische wird es verstehen und mehr Nachsichtigkeit walten lassen im Blick auf die kleinen Dummheiten der noch lernenden Schüler aus dem Ausland...

2. Goldenes Handwerk und robuster Verkehr – mittendrin im Orient

„Acele ise seytan karisir" (Hastige Arbeiten bringt der Teufel durcheinander – türkisches Sprichwort)

Es war unglaublich. Leere Hände und nach seinen Aussagen einige Erfahrung waren das Einzige, was er vorweisen konnte. In Europa wäre er vielleicht noch der Schulpflicht unterlegen, schätzte ich einmal grob. Und nun würde er in unseren beiden Badezimmern die von uns sorgfältig ausgesuchten Fliesen legen ... Wir hatten den Renovierungsauftrag einem kleinen Bauunternehmer anvertraut, der uns von Nachbarn empfohlen worden war und in ihrem Haus wohl ordentlich gearbeitet hatte. So sagten diese jedenfalls. In den Jungen vor mir hatte ich jedoch weniger Vertrauen. Zudem fehlten ihm einige der für die Fliesenarbeit nötigen Werkzeuge. Es würde wohl an mir sein, diese noch zu besorgen. Zeit hatte man hier ja im Orient. Und eiliges Arbeiten bringt der Teufel durcheinander. Nun denn, wo kann man diese Werkzeuge denn bekommen ...

Meine Erfahrungen mit türkischen Handwerkern und der Umgang mit ihnen gehört sicherlich zu den interessantesten, aber auch den schwierigsten Kapiteln unserer Integrationsgeschichte in der Türkei.

Bereits kurz nach unserer Niederlassung als kleine Familie in Mugla hatten wir ja ganz in der Nähe unserer Mietswohnung ein kleines Reihenhaus für unsere zukünftigen Gäste gekauft. Dieses wollten wir jetzt zu einer Ferienwohnung umrüsten und es unseren Freunden richtig schön machen. Dazu bedurfte es fachmännischer Hilfe, da ich selbst mit handwerklichen Arbeiten nicht gerade vertraut bin und wir auch in Deutschland nie vor der Herausforderung umfangreicher Renovierungsarbeiten gestanden hatten. Also machten wir uns an eine grobe Planung der nötigen Arbeiten am Haus und begaben uns auf die Suche nach geeigneten Handwerkern. Noch wusste ich nicht, dass die Renovierung von älteren Häusern zu einem bedeutenden Teil meiner zukünftigen Arbeit innerhalb des Tourismus aufsteigen würde… Ein Nachbar, selbst von Beruf Elektriker, half uns bei den ersten Schritten der Suche. Er machte uns mit einem kleinen und drahtig wirkenden Mann bekannt, der eine Art kleine Handwerkerkolonne anführte. Die für ihn tätige Schar bestand aus seinem ca. 17-jährigen Sohn und einigen jungen Männern. Ich, der ich zu dieser Zeit so gut wie keine Erfahrungen mit Handwerkern unserer Stadt hatte, vertraute in dem Moment mehr den Erfahrungen unseres Nachbarn, der bereits zuvor diese kleine Kolonne in Anspruch genommen hatte und mit ihrer geleisteten Arbeit wohl recht zufrieden war. So vertraute ich diesen Männern nach einer Preisabsprache die ersten, groben Arbeiten an. Das Haus sollte an einigen Stellen gründlich saniert werden, die beiden Badezimmer völlig neu gestaltet und die Wände zum Teil neu verputzt und gefliest werden. Wie wenig ich vom Umgang mit den türkischen Handwerkern verstand, zeigten dann schon die ersten Tage. Zunächst kamen die jungen Männer einmal mit fast leeren Händen. Ein Teil der nötigen Arbeitsutensilien musste zunächst besorgt werden, bevor an eine vernünftige Arbeit überhaupt zu denken war. Auch in der Folgezeit musste ich immer wieder mal am Tag zu entsprechenden Geschäften und Lagern oder auch ins glücklicherweise recht nahe Industriegebiet fahren, um nötige Gebrauchsgegenstände oder auch Baumaterialien zu besorgen. Auch gaben mir die jungen Männer am ersten Arbeitstag am Nachmittag deutlich zu verstehen, dass sie hungrig seien, wohl in der Erwartung, dass ich für ihre Mahlzeiten aufzukommen hätte. Da wir über solches nie gesprochen hatten, ich es von meinen Erfahrungen in Europa nicht kannte und wir ja auch selbst nicht an der Baustelle wohnten, war ich zunächst überrascht und nahm das Ganze nicht zu ernst. Später aber verständigte ich mich mit einem naheliegenden Imbiss, der dann auf Wunsch die Arbeiter belieferte. So war ich tagsüber manches Mal damit beschäftigt, den Wünschen und Bestellungen meiner kleinen Kolonne nachzukommen. Da ich in diesen Tagen gleichzeitig dabei war, mein kleines Büro in der Stadt einzurichten, bedeutete dies für mich nicht wenige Radtouren am Tag – und das im heißen Hochsommer der südlichen Türkei. Daneben führte ich zunehmend Verhandlungen mit anderen Handwerkern und Installateuren: Auf dem Dach sollte, so wie man es bei sehr vielen Häusern in der Türkei sieht, eine Solaranlage für heißes Wasser angebracht werden, in den Badezimmern neue Armaturen, die zum Teil ungeraden Wände des Hauses mit einem Feingips versehen und letztlich das ganze Haus innen und außen neu gestrichen werden. Es hätten wohl all diese Arbeiten ihre eigene, kleine Geschichte verdient und das ein oder andere Erlebnis könnte zu unser aller Unterhaltung etwas beitragen. Ein kleiner Trost bei diesen Erfahrungen scheint mir zu sein, dass auch Einheimische in der Türkei in solchen Begegnungen mit Handwerkern manche Federn lassen mussten. Hier gibt es wohl unzählige Geschichten zu ähnlichen Begebenheiten im Land und in den Kaffeehäusern der Männer wird dies zum Stoff vieler Gespräche geraten sein. Auf solche oder ähnliche Weise „getürkt" worden zu sein, scheint zum Leben irgendwie dazuzugehören und hier und da zu einer Art Volkssport geworden. Manchmal hatte ich sogar den Eindruck, dass in den Gesichtern der türkischen Männer ein Hauch von Bewunderung liegt, wenn sie erzählen, wie einer der ihren einen anderen über den Tisch hat ziehen können, ohne selbst einen Schaden zu nehmen… Aber es gibt auch sehr wohl andere Beispiele von türkischen Handwerkern. Und von einem möchte ich an dieser Stelle berichten:

Ich traf Ekrem Usta zum ersten Mal in einem der vielen Cafés unserer Stadt, unweit des alten Busbahnhofes. Dies geschah wieder unter Vermittlung eines anderen Handwerkers, wie so oft in der Türkei. Zu dieser Zeit wollten wir die Renovierung eines gedachten Freizeitgeländes am Rande unserer Stadt angehen und brauchten hierfür zuverlässige und gut arbeitende Handwerker. Nun ist es in der Türkei durchaus so, dass ein Handwerker sehr schnell zum Meister seines Faches aufsteigt und auch als ein solcher bezeichnet wird. Einen offiziellen Meisterbrief, wenn auch durch die Handwerkerinnung zu bekommen, braucht es für diesen Titel nicht. Ein „Usta"

(Meister) ist also eine Bezeichnung für einen Handwerker, der etwas Erfahrung in seinem Beruf gesammelt hat und von der umliegenden Handwerkerschaft als solcher akzeptiert scheint. Ich habe wenige Arbeiter getroffen, die sich nur als einen Gesellen bezeichneten, es scheint mit die unterste Stufe der Erfolgsleiter zu sein. Das Bindeglied zwischen dem Lehrling („cirak") und dem Meister scheint der türkischen Handwerkergesellschaft fast durch die Bank zu fehlen. Eine weitere Besonderheit scheint mir zu sein, dass Handwerker in der Türkei sich oft nicht auf ein Fach spezialisieren, sondern vielmehr fast vom Fundament bis zum Dach ein ganzes Haus auf die Beine stellen können. Jedenfalls denken sie es und wagen sich an alle möglichen Arbeiten heran im Vertrauen darauf, dass es schon nicht so ganz schief gehen kann. Dass dabei aber einiges schief wird oder oftmals nach der Fertigstellung Mängel vieler Art auftreten, bezeugt die Erfahrung so mancher Bauherren. Wenn dann auch noch zweit- oder drittklassiges Material verwendet wird, kann es allerdings auch mal zu schwereren Schäden kommen. Und dies wird dann selbst in den Kaffeehäusern nicht mehr als Husarenstück verkauft, sondern auch hier an den Pranger gestellt. Es gibt da in der Türkei eine sehr fein gezogene Linie zwischen einer nicht verdammungswürdigen „Klugheit" im Umgang mit seinesgleichen und der das Wohl des Einzelnen gefährdenden Verbrecherkultur einiger Handwerker oder Bauträger größerer Art. Ekrem Usta war und ist für mich ein Beispiel für den kompetenten und ehrlichen Handwerker in der Türkei, so wie das Land wohl noch mehr gute Arbeiter hat und noch gebrauchen könnte. Bereits bei unserem ersten Gespräch mit diesem Mann mittleren Alters empfand ich Sympathie und führte ihn recht bald zu der bezeichneten Baustelle auf dem Dorf. Sein sachkundiger Blick fiel über die verschiedenen Arbeiten an den Häusern und der Anlage. Hier und da gab Ekrem Usta eine Erklärung zu den auszuführenden Arbeiten und stellte die eine oder andere Frage. Für uns war natürlich wichtig, wie teuer uns das Ganze zu stehen kommen würde und bis wann die Arbeiten ausgeführt werden. Recht bald wurden wir uns einig und in diesem

Fall täuschte mich mein erster Eindruck nicht: Ekrem Usta arbeitete mit seinem Gehilfen gut und zuverlässig an der Anlage. Er gab uns einige Tipps hinsichtlich einer noch zweckmäßigeren Ausführung und erledigte zusätzliche Wünsche zu unserer Zufriedenheit. Was für mich zu dieser Zeit auch wichtig war, konnte ich in diesem kleinen Arbeitsteam erfüllt sehen – ich musste nicht immer wieder nach dem Rechten sehen und konnte davon ausgehen, dass die Arbeiten gut getan werden. Schon bald konnten wir beginnen, die zukünftige Freizeitanlage für erste Zwecke zu nutzen. Bis heute besteht sie und dient meist persönlichen Freunden als ein guter Rückzugsort, besonders in der Hitze des Sommers. Mehr dazu in einem späteren Kapitel.

Auch in der Folgezeit nahmen wir immer wieder gerne die Dienste unseres Meisters in Anspruch, und er selbst gewann auch durch unsere Zusammenarbeit an Erfahrung. Daran hatte besonders seine Freundschaft zu einem unserer Mitarbeiter großen Anteil. Dieser ist selbst Malermeister aus Deutschland und arbeitete oftmals mit Ekrem Usta zusammen. Davon profitierten beide Parteien sehr und entwickelten eine tiefe Freundschaft zueinander. Völkerverständigung geschieht eben nicht nur mit Worten, sondern auch in gemeinsamer, praktischer Arbeit. Hier sahen wir ein gutes Beispiel dafür. Heute arbeitet Ekrem Usta meist mit einem Architekten unserer Stadt an größeren Renovierungsmaßnahmen zur Denkmalschutzpflege. Hier hat unser Freund sicher sein Spezialgebiet entwickeln können und geht mit Freude und Hingabe seiner Arbeit nach. Inzwischen fährt er ein Auto und verheiratet gerade seine Töchter. Dies ist ja in der Türkei mit einem hohen finanziellen Aufwand verbunden. Zuletzt sah ich Ekrem Usta in unseren Türkei-Ferien neben unserem eigenen Reihenhaus sitzen. Verwandte von ihm sind zu unseren Nachbarn geworden, und wie groß war die Freude des Wiedersehens auf beiden Seiten. Die Entwicklung einer solchen Freundschaft gehört für mich zu den schönsten Erfahrungen interkultureller Arbeit, ich wünsche uns und anderen noch viel mehr davon.

An dieser Stelle könnte ich noch manch andere Erlebnisse und Anekdoten von und mit türkischen Handwerkern erzählen. Sie fuhren lange Zeit mit öffentlichen Bussen zu ihren Baustellen, manche hatten alte Autos oder laut knatternde Mopeds zur Beförderung ihrer wenigen Arbeitsmittel. Manchmal halten sie auch heute noch, wie erwähnt, ihre Leitern durch die geöffneten Scheiben an der Seite ihrer PKWs fest und wissen oft genug nicht um die Auftragslage der nächsten Wochen. Viele haben Familie und sind im Zweifel über ihre Altersversorgung. Manche Bedingungen haben sich in den letzten Jahren zu ihrem Vorteil geändert. Ich mag diese einfachen Männer, und nicht wenige grüßen uns noch heute in der Stadt; bei einigen waren wir auf Hochzeiten und Familienfesten. Doch wenden wir uns nun einem anderen Bereich des türkischen Alltags zu. Auch in diesen gewannen wir durch die Jahre tiefere Einblicke, manches Mal verbunden mit Freundschaften und einige Male mussten wir auch hier Federn lassen: das Gesundheitswesen …

Hauptsache gesund?!

Begleitet von unseren älteren Nachbarn fanden wir das beschriebene Haus. Alleine hätten wir es wohl nur mit Schwierigkeiten auf Anhieb erreicht. Zwar lag es in unserem weiteren Einzugsgebiet, aber der uns empfohlene Mann wohnte in einem der vielen eher gleichförmigen Häuser unserer Stadt. Zu fünft stiegen wir aus dem Auto. Unsere Nachbarn wirkten mehr zuversichtlich, als wir es wohl zu diesem Zeitpunkt sein konnten. Hanna hielt immer noch ihren Arm auf diese merkwürdige Art und Weise. Sie hatte zwar keine Schmerzen, konnte sich aber für uns alle erkennbar mit diesem nicht frei bewegen. Irgendetwas musste sich im Ellbogengelenk auseinanderbewegt haben. Zwar hatte unser junger Freund der Familie beim Spiel keine Gewalt angewandt, aber das Rückwärtsziehen von Hannas Arm bei gleichzeitiger Drehbewegung hatte offensichtlich seine Spur hinterlassen. Unsere Kleine harrte nun der Dinge, die da kamen. Ob sie bei Papa und Mama spürte, dass wir selbst verunsichert waren? Sollte der uns von unseren Nachbarn empfohlene alte Mann tatsäch-

lich helfen können? Sollte dieser sein Handwerk besser beherrschen als ein ausgebildeter Arzt im Krankenhaus? Letzterer jedenfalls hatte Hannas Arm nicht wieder ins Lot bringen können. Zwar hatte er im städtischen Krankenhaus beachtlich an diesem gezogen und gedrückt und uns nach der Behandlung versichert, dass jetzt alles in Ordnung sei. Doch dem war für uns alle sichtbar nicht so, immer noch musste unsere kleine Tochter manchen Bewegungen ihres Armes ausweichen. Am späten Nachmittag wussten wir uns keinen Rat mehr – wohin sollten wir gehen? Rechts und links erzählten wir dies auch unseren Nachbarn in der Mahalle, unter anderem Tante Dursiye und ihrem Mann Ismail. Diese verwiesen uns zunächst zaghaft, dann immer bestimmter auf einen alten Mann in der Nähe unserer Siedlung. Er sei ein sogenannter „Kirikci-Cikikci" und würde sein Fach verstehen. Wir, die wir den Praktiken irgendwelcher Wunderdoktoren eher skeptisch gegenüberstehen, waren in unserer Reaktion zunächst verhalten bis ablehnend. Tante Dursiye jedoch war sich ihrer Sache immer sicherer. Sie und ihr Mann boten sich an, mit uns zur Wohnung des besagten Mannes zu fahren. Noch ein Blick auf Hanna und ihren in Schonhaltung eng an den Körper angelegten Arm und wir beschlossen, das Wagnis einzugehen. Hanna wirkte zu diesem Zeitpunkt noch eher distanziert bis fragend.

Nun standen wir also vor dem unscheinbaren Haus. Wir wurden erwartet, unsere Nachbarn hatten unser Kommen kurz angekündigt. Inzwischen war es bereits früh am Abend und die letzten Sonnenstrahlen warfen lange Schatten auf die umliegenden Häuser. Auf unser Schellen wurde uns geöffnet, eine ältere Frau lud uns mit freundlichem Blick und Willkommensgruß ins Haus. Der Kirikci-Cikikci wohnte mit seiner Familie in der Erdgeschosswohnung des kleinen Mehrparteienhauses. Wir betraten nach den üblichen Grüßen und dem Tausch der Straßen- gegen Hausschuhe das weite Wohnzimmer der Wohnung. Auch andere Personen, wohl Nachbarn, saßen mit der Familie zusammen. Der ältere Mann und Familienvorstand erhob sich, um uns zu begrüßen. Ich musterte den eher kleinwüchsigen Mann, der zwar schmächtig, aber doch auch drahtig und für sein Alter körperlich fit wirkte. Dieser also sollte meiner Tochter besser helfen können als ein studierter Arzt im Hospital. Ich hatte mich auf unserer Hinfahrt gefragt, was *ein Kirikci-Cikikci wirklich sei. Die türkischen Wörter gaben mir nur eine vage Auskunft: „Kirik" steht für etwas Zerbrochenes, „Cikik" hingegen bezeichnet etwas, was auseinandergeraten ist und eigentlich zusammengehört. Die Endung „ci" steht im Allgemeinen für jemanden, der eine bestimmte Tätigkeit ausübt. Die gleiche Endung findet sich bei vielen handwerklichen Berufen. „Na, hoffentlich versteht dieser Mann sein Handwerk", dachte ich bei mir selbst. Nach den landesüblichen Einleitungen und Fragen nach dem persönlichen Ergehen kamen wir relativ schnell zur Sache. Hanna hatte bislang mehr am Rande gesessen, rückte jetzt jedoch ungewollt, aber zwangsläufig in den Mittelpunkt des Geschehens. Auf eine liebevolle Art und Weise sprach der alte Mann unsere Kleine an, fragte nach dem Hergang des kleinen Unfalls und begann den lädierten Arm mit seinen Fingerspitzen abzutasten. Ich gewann immer mehr Vertrauen zu ihm. Auch Hanna schien diese Behandlung angenehmer als zuvor das Ziehen und Drücken im Krankenhaus. Nach einigem Abtasten und kleinen Drehversuchen am Ellbogengelenk riss unser neuer Freund mit einer plötzlichen, für uns alle völlig unerwarteten Bewegung unser kleines Mädchen noch oben in die Luft und Hanna hing nun ohne weiteren Bodenkontakt an den beiden Händen des alten Manns. In diesem Moment war er mir nicht mehr so ganz sympathisch ... Hanna war von dieser auch für sie unerwarteten Aktion völlig überrascht und schrie erst nach mehr als einer Schrecksekunde laut auf und fing zu weinen an. Nichtsdestotrotz schien der Kirikci-Cikikci mit seiner Behandlung zufrieden zu sein und meinte mit Blick auf uns, die Sache wäre geklärt. Konsterniert wie wir waren warteten wir, bis das Weinen unserer Tochter sich zu einem leisen Schluchzen wandelte und schließlich ganz verebbte. Und siehe da, der Arm ließ sich nach ersten, zaghaften Versuchen wieder in alle gewünschte Richtungen drehen. Hanna hatte schon sehr bald die ihr zunächst sehr unliebsame Behandlung vergessen und wendete sich der nun angebotenen Süßigkeit zu. Wir waren total erleichtert und unserem neuen Freund von Herzen dankbar. Die angebotene Entlohnung seines Helfens in dieser Sache lehnte er entschlossen ab, seine Frau servierte uns noch einen weiteren Schwarztee. Wie froh verließen wir an dem Abend das unscheinbare Etagenhaus.*

Dieses Erlebnis mit Hanna bedeutet nicht, dass wir in der Türkei zuvor und danach auf ärztliche Hilfe verzichtet hätten. Wir konsultierten je nach Bedarf verschiedene Fachärzte, besuchten mit Hanna Kinderärzte und hier und da war sogar ein Aufenthalt im Krankenhaus angesagt. Letzteres war für uns zugegebenermaßen ein etwas anderer Ort, als wir es zuvor von Europa her kannten. Während die einzelnen Facharztpraxen in etwa an europäische Standards heranreichten, war besonders das städtische Krankenhaus ein für europäische Augen eher fremder und manchmal merkwürdiger Ort. Ich erinnere mich noch, wie ich einmal wirklich schmunzeln musste, als ich im Innenbereich des Krankenhauses einige Bauarbeiter mit einer ziemlich schmutzigen Schubkarre hantieren sah. Da hätten wahrscheinlich in Europa schon einige Alarmglocken sterilen Handelns geklingelt. Auch andere Dinge waren uns eher fremd. Doch sollte man hier wohl wie auch in vielen anderen Bereichen nicht werten, sondern einfach die Andersartigkeit der Kulturen erkennen. In der Türkei ist zum Beispiel die Pflege der kranken Personen auch eine Sache der beteiligten Familien. Es wird im normalen Krankenbereich davon ausgegangen, dass die Angehörigen bei den Patienten bleiben und im Blick auf dessen Nahrungsaufnahme und manchmal auch in der Krankenpflege etwas beisteuern. Fehlt solchen Patienten es an Angehörigen oder ist das Krankenhaus für diese zu weit weg, kann man auch eine bezahlte Person engagieren, die dann die Position der fehlenden Familienangehörigen einnimmt. In einigen Fällen kann sich die Verantwortung des Familienangehörigen aber auch durchaus ausweiten. Ein guter Schweizer Freund erzählte mir einmal, dass er für seine Frau in der Stadt schnell Blutkonserven kaufen musste im Blick auf einen anstehenden Eingriff.

Was uns als Familie betrifft, musste Renate sich einige Male in der Türkei kleineren Operationen unterziehen. Als ausgebildete Krankenschwester sah sie natürlich das Krankenhaus mit noch etwas anderen Augen als der Rest der Familie … Neben einer Fehlgeburt führte noch ein Leistenbruch zu zwei Eingriffen, die jeweils in Narkose auf dem Operationstisch durchgeführt wurden. Anders, als es wahrscheinlich in Deutschland gewesen wäre, musste Renate anschließend jeweils für einige Tage im Krankenhaus bleiben. Die Kosten des Ganzen mussten wir zunächst selbst tragen, wurden jedoch später von unserer deutschen Krankenkasse übernommen. Hanna und ich mussten in dieser Zeit lernen, allein zurechtzukommen, und besuchten die Mama dann jeweils in ihrem neuen Umfeld. Natürlich zogen wir als deutsch-österreichische Familie auch hier die Aufmerksamkeit der Ärzte und Pfleger auf uns. Man bemühte sich sicher redlich, den Bedürfnissen von Renate nachzukommen, zumal sie ja wie gesagt selbst vom Fach war. Manchmal spürte man aber auch eine kleine Unsicherheit im Blick auf den eher ungewöhnlichen ausländischen Patienten. So erzählte Renate mir nach ihrer zweiten Leistenbruch-OP (bei dieser wurde dann ein Netz eingesetzt), dass die Narkoseärzte wohl noch nicht so ganz erfahren waren. Bei der örtlichen Betäubung hätten sie wohl mehrmals nachgefragt, ob sie noch mehr Narkosemittel nachspritzen sollen. Sie hätten mit dieser Art Narkose noch nicht so viel Erfahrung, gaben sie zu verstehen.

Die meisten Erfahrungen im Blick auf die Gesundheitsfürsorge machte ich persönlich wohl mit den Zahnärzten unserer Stadt. In der letzten Zeit unseres Aufenthaltes in Mugla lernten wir ein junges, liebenswertes Zahnarztehepaar mit einem kleinen Kind kennen. Sie wurden zu unseren persönlichen Freunden und natürlich zogen wir sie dann auch in Fragen der Zahnpflege zu Rate. Esra und Hakan sind uns dabei kompetente Zahnärzte gewesen, deren Behandlung der von Zahnärzten hier in Europa nicht nachstand. Bis heute verbindet uns eine Freundschaft und beide wollen uns vielleicht in nächster Zeit einmal in Deutschland besuchen. Von Behandlungen anderer Ärzte zuvor bin ich allerdings etwas gezeichnet. Einmal hat man wohl bei der Farbwahl der aufgesetzten Krone heftig danebengetippt und bei einer anderen Krone musste so viel nachgebessert werden, dass nach der Behandlung der Metallkern der Keramikkrone hervorschaute. Nun sieht die Krone so aus wie ein plombierter Zahn. Jedenfalls wirkt das Ganze echt. Und es behindert mich nicht wirklich. Und wie hat ein deutscher Zahnarzt meiner Frau zuletzt im Blick auf die Entscheidung zwischen Metall- und den wesentlich teureren Keramikkronen im Behandlungsgespräch gesagt: Sie könne ja auch die Metallkronen wählen, schließlich habe sie ja schon einen Mann… So weit auseinander scheinen das türkische und das deutsche Gesundheitssystem also auch nicht zu liegen.

Hausgemeinde und Weihnachten im Orient

Ich hatte mich sehr auf diese kleine Führung gefreut. Schon zuvor hatte ich von verschiedener Seite gehört, dass es noch vor nicht allzu langer Zeit einige Kirchen in unserer Stadt gegeben haben muss. Wir bewegen uns als kleine Gruppe zwischen den zum Teil im hellen Sonnenlicht weiß strahlenden Häusern der Altstadt. Wir erklimmen eine kleine Anhöhe und betreten eine der vielen, kleinen Sackgassen dieses Teils von Mugla. Am Ende des Weges führt eine schmale Tür zu einem eher versteckten Anwesen. Eine ältere und schon etwas gebückt gehende türkische Frau begrüßt uns am Eingang eines, wie es zunächst scheint, kleineren Hauses. Dort hineingegangen verzweigt es sich in mehrere, jetzt zum Teil auch größere Räume. Dies sollte sie also sein. Die alte Kirche von Mugla, nach dem Wegzug der griechischen Bevölkerung zu Wohnräumen umfunktioniert. Die ältere Frau führt uns zu einem mehr im Innern des Komplexes gelegenen Raum. Und hier wird uns die frühere Nutzung dieser alten Gemäuer deutlicher. Wie viel Geschichte mögen diese Räume in sich tragen. Noch mehr gäbe es draußen vor dem Haus zu sehen, sagt unser vorangehender Führer. Durch eine der anderen Türen treten wir wieder in das helle Sonnenlicht.

In unserer Stadt Mugla mit seinen heute ca. 70.000 Einwohnern gab es noch vor etwa hundert Jahren einen großen Anteil von griechischen Einwohnern. Sie hatten diesen Landstrich der Südwest-Türkei lange Zeit mit bewohnt und wurden erst zur Zeit des Bevölkerungsaustausches durch Kemal Atatürk nach dem Ersten Weltkrieg deportiert. Es gibt einen inzwischen sogar über die Türkei hinaus bekannt gewordenen

Schriftsteller in unserer Stadt, der versucht hat, diese Zeit in der Geschichte Muglas aufzuarbeiten und einem weiteren Leserkreis zugänglich zu machen. Dabei lässt er in einigen seiner Bücher in Form von Romanen Griechen und Türken miteinander leben und arbeiten, um an der Geschichte einzelner Menschen und Familien die damaligen Ereignisse lebendig werden zu lassen. So erzählt Ertugrul Aladagi in einem seiner bekannteren Bücher z.B. die Geschichte einer Liebe zwischen einem griechischen Mädchen und einem jungen türkischen Mann. Sie werden durch die Deportation der Griechen auseinandergerissen und wie so viele andere lässt sich die Familie des jungen Mädchens im Norden Griechenlands nieder. Die Liebenden sehen sich nicht mehr wieder. Erst etliche Jahrzehnte später unternimmt der inzwischen gealterte türkische Mann sozusagen eine Reise in die Vergangenheit nach Griechenland. Hier versucht er, Spuren seiner alten Liebe wiederzufinden, und kommt sogar bis in das Dorf, in dem seine ehemalige Geliebte dann gelebt hat. Der Roman gibt sehr einfühlsam wieder, was viele Menschen damals wirklich hautnah haben erleben müssen. Zeitzeugen berichten in einem anderen Buch Aladagis von weiteren Schicksalen und Wegführungen verschiedener Familien und Einzelpersonen dieser Zeitepoche. Die Bücher machen an verschiedenen Stellen sehr deutlich, dass das Miteinander der griechischen und türkischen Bevölkerung bis dahin sehr gut und harmonisch gewesen sein muss. Die Griechen waren unter der türkischen Mehrheit u.a. durch ihre guten handwerklichen Kenntnisse sehr anerkannt und es muss nach den Aussagen der Zeitzeugen gute Verbindungen zwischen den unterschiedlichen Bevölkerungsgruppen gegeben haben. Auch zeugen bis heute noch sehr viele alte Gebäude und Häuser von der griechisch geprägten Vergangenheit der Stadt. Ein sehr alter öffentlicher Begegnungsort der Griechen („Saraphane" = Weinhaus) wurde erst vor Kurzem als eine Art Haus der Künste renoviert und von der Stadtverwaltung wiedereröffnet. Auch muss es früher in unserer Stadt mehrere alte Kirchen gegeben haben. Nach dem Wegzug der traditionell griechisch-orthodoxen christlichen Minderheit wurden diese nicht mehr genutzt und anderen Bestimmungen zugeführt. Einmal besuchte ich mit einer kleinen Gruppe wie anfangs beschrieben ein türkisches Wohnhaus, in dem einzelne Mauerreste von einer sehr anderen Vergangenheit zeugten und einige Ecken einer alten Kirche freigaben. So muss also zumindest hier eine der alten Kirchen zu einem Wohnhaus umfunktioniert worden sein. In einem der Bücher von Aladagi fand ich auch durch Zeitzeugen beschrieben, wie man nach der Deportation der griechischen Minderheit aus Mugla die Glocke einer alten Kirche aus dieser entfernt und in den bis heute erhaltenen Uhrenturm der Stadt eingesetzt hat. Ich hatte mich in all der Zeit zuvor in unserer Stadt über die Glocke gewundert, die stündlich über der Stadt erschallt und so unwirklich christliche Klänge in einem zu fast 100 Prozent muslimischen Umfeld wahrnehmen lässt. Hier hatte ich die Antwort. Es scheint auch weitere „Relikte" einer christlichen Vergangenheit in diesem Teil der türkischen Republik zu geben. Zur Zeit der genannten Deportation unter Atatürk muss es nämlich etliche Griechen gegeben haben, die dem Gebot der türkischen Regierung nicht folgten und sich z.B. in kleineren Dörfern um Mugla herum verbargen. Sie nahmen nach dieser Zeit türkische Namen an und manche konvertierten sicher auch zum Islam. Mit der Zeit müssen sich solche Menschen als Überbleibsel der griechischen Zeit in die türkische Bevölkerung integriert haben und sicherlich konnte dies nicht ohne Hilfestellung etlicher Einheimischer geschehen sein. Noch heute begegnet man mancherorts Menschen, die von ihrer äußeren Erscheinung durchaus nicht in die türkische Bevölkerung zu passen scheinen, sehr wohl aber türkische Namen tragen und von der Restbevölkerung als Türken akzeptiert sind. Wie viele Geheimnisse stecken wohl hinter dem ein oder anderen blauäugigen Gesichtszug, der uns in dieser Ecke der Türkei begegnet?

Obwohl unsere Stadt also einen z.T. christlichen Hintergrund hatte und hier einige alte Kirchen gestanden haben müssen, versammelten wir uns als die wenigen hier in Mugla lebenden Christen in unseren Häusern oder manchmal auch zur wärmeren Jahreszeit im Freien, um zusammen mit unseren Kindern sehr einfache Gottesdienste zu feiern. Da standen jeweils eine Gitarre und einige Liederhefte bereit, jemand hatte sich in der Regel auf einen kurzen Text vorbereitet und für die Kinder gab es manchmal sogar ein eigenes Programm. Wir tranken entweder Tee miteinander und aßen Gebäck oder es gab zuweilen je nach Zeitpunkt ein gemeinsames Mittag- oder Abendessen. Unsere Versammlungen hatten wenig Struktur, vieles war spontan und es gab weder ein spezielles Gebäude noch einen offiziellen Geistlichen. Ich muss ehrlich sagen, dass ich diese Form christlichen Gottesdienstes sehr viel ansprechender fand und finde als solche in speziell dafür hergerichteten Räumen und mit einem vorbestimmten und oftmals nur durch bestimmte Personen ausgeführten Programm. Und ich kann mir sogar vorstellen, dass unsere Kinder es ebenso empfunden haben. Jedenfalls gab es hier unter uns Gelegenheit zu persönlichem Austausch, Mitteilen von gemachten Erfahrungen und das Anteilnehmen am Leben des anderen. In dieser Zeit gesellte sich neben der Familie unseres zu unserer Arbeit zugestoßenen Mitarbeiters eine weitere Familie dazu, die fünf Kinder mitbrachte. Michael und Michaela, die Eltern dieser Familie, kannte ich bereits aus früheren Jahren in Deutschland. Sie verbrachten als ganze Familie einen Urlaub bei uns in der Türkei und bereits in diesem begannen sie sich zu fragen, ob nicht die Türkei ein möglicher Ort für ihre weitere Zeit als Großfamilie sein könnte. Mit ihren fünf Kindern fielen sie jedenfalls in diesem Umfeld viel weniger auf als in Deutschland! Michael arbeitete zu dieser Zeit noch als Ingenieur bei einem deutschen Autohersteller, konnte sich aber gut vorstellen, in Zukunft auch selbständig in seinem Beruf zu arbeiten. Er gründete später eine Firma für Maschinenbau in Süddeutschland und unterhielt ein Verbindungsbüro in Mugla. Die fünf Kinder wechselten auf staatlich-türkische Schulen und lernten hier schneller und besser die einheimische Sprache als wir. Auf einer gekauften Farm am Stadtrand verbrachten sie einen Teil ihrer Kindheit im eher dörflich geprägten Umfeld und lernten manche Aspekte türkischer Kultur viel näher als wir kennen. Erst vor Kurzem wurden Michael und Michaela zum ersten Mal Großeltern, und zwar durch ihre älteste Tochter Rebecca, die ihren ehemaligen türkischen Leichtathletik-Trainer geheiratet hatte.

Doch zurück zu unseren kleinen Gottesdiensten. Hier und da zeigten auch Einheimische Interesse, einmal bei solchen dabei zu sein und einer christlichen Versammlung beizuwohnen. Die meisten Türken kennen solche christlichen Gottesdienste nur aus dem Fernsehen und hier in der Regel im Zusammenhang mit Filmen aus dem Westen, vorzugsweise Produktionen aus den USA oder anderen westlichen Ländern. Hier und da werden in Satellitenprogrammen auch Sendungen mit christlichen Inhalten aus anderen Ländern übertragen; meistens jedoch ohne dass der landläufige Türke die Inhalte gut verstehen oder nachvollziehen könnte. Zu wenig wirkliche Hintergrundinformationen werden da in der Türkei z.B. in der Schule über Glaubensüberzeugungen anderer Völker oder Kontinente vermittelt und zu viele Vorurteile kursieren im ganzen Land zu solchen. Immer wieder bin ich einzelnen solch seltsamer Überzeugungen in meinem türkischen Alltag begegnet. Da glauben viele Landsleute im Blick auf den Dreieinigkeitsglauben der christlichen Kirche an eine sexuelle Verbindung des Schöpfergottes mit Maria, aus der Jesus Christus hervorgegangen sei. Oder es wurde mir wiederholt von einem der ersten Mondfahrer berichtet, der im Universum den Ruf des Muezzin gehört habe und daraufhin später Muslim wurde. Die Entstehung des Neuen Testamentes wird wie folgt unter den Einheimischen weitererzählt: In den ersten Jahrhunderten gab es zunehmend verschiedene Ausgaben des Neuen Testamentes unter den Christen. Als dies den religiösen Geistlichen zu viel wurde, legte man alle aufgekommenen Ausgaben des Buches bei einem der ersten Kirchenkonzile auf einen großen Tisch und rührte so lange auf diesem, bis nur noch eines der Bücher auf demselben liegend übrig blieb. Dieses wurde dann als das für alle gültige Neue Testament der jungen Christenheit erklärt. Man wundert sich, dass solche und ähnlich abenteuerliche Geschichten bis heute unter den Einheimischen in der Türkei kursieren und ihre gläubigen Abnehmer finden – übrigens sehr wohl auch unter den gelehrten Hocas (religiöser Lehrer) und Imamen der zahlreichen Moscheen des großen Landes. Auch müsste man sich wundern, dass trotz dieser Erzählungen und der für die allermeisten Türken unzweifelhaft feststehenden Überlegenheit des Islams gegenüber allen anderen Glaubensrichtungen dieser Welt doch immer wieder Einheimische ihr Interesse an der Teilnahme an unseren kleinen, christlichen Versammlungen bekundeten. Wir gingen in der Regel eher vorsichtig mit solchem bekundeten Interesse um. Bis zum heutigen Tage kann ein in der Türkei lebender Ausländer sehr schnell durch Hinzunahme von Einheimischen in irgendwelche christliche Versammlungen in eine Schublade der öffentlichen Meinung geraten, in die er nur ungern eingeordnet werden möchte und auch nur schwer bis überhaupt nicht wieder herauskommt. Es gibt in der Türkei eine Art Missionar-Phobie! Die Angst des Volkes und seiner staatlichen Vertreter im Blick auf den Kontakt von Einheimischen mit dem christlichen Glauben oder einem seiner Vertreter ist nur sehr schwer zu verstehen oder nachzuvollziehen. Man kann diese Angst in Teilen vielleicht mit dem Hintergrund des Landes erklären, in dessen Geschichte es eine Vielzahl von Teilungen und Zersplitterungen gegeben hat und man nicht weitere Trennungen innerhalb der Bevölkerung sehen möchte. Manchmal hört man auch noch von den Kreuzzügen alter Tage oder erzählt von den Greueltaten sogenannter Christen in anderen Ländern der Erde. Natürlich leisten auch die Medien, die in den vergangenen Jahren manche „Aufklärungsarbeit" in Sachen christlichen Glaubens oder christlicher Mission meinten leisten zu müssen, ihren Teil. All diese Elemente können für mich aber die genannte Phobie nur teilweise erklären, es stecken wohl noch einige andere unerkannte Elemente dahinter. Jedenfalls war es für uns von daher nicht leicht, dem Interesse Einheimischer an unseren einfachen Versammlungen richtig zu begegnen. Ich erinnere mich z.B. an einen jungen Studenten, der eines Tages unvermittelt in meinem kleinen Büro stand. Ich empfing ihn mit freundlichen Worten und wahrscheinlich auch fragender

Mine. Der junge Mann, um die 18 Jahre alt, erklärte mir, dass er von unserer örtlichen Vertretung des Tourismusministeriums zu mir weitergeleitet worden wäre. Hier hatte er nämlich vorgesprochen und seinen Wunsch geäußert, doch einmal an einer Weihnachtsfeier von Christen teilnehmen zu können. Osman (Name geändert) wurde dann von einem Angestellten zu mir geschickt und zwar mit den (wie er uns später erklärte) abschließenden Worten: Pass aber auf… Osman nahm dann tatsächlich an einigen unserer Versammlungen teil und wir durften ihn als Familie in einigen Stationen seines weiteren Lebens begleiten. Aber auch im Blick auf jede Form von Zuwendung an einheimische, besonders junge Menschen muss man sehr achtgeben. Hier wird mancherorts das Vorurteil gehegt, man wolle Einheimische mit materiellen Dingen für den christlichen Glauben kaufen. Schon allein die Tatsache, dass wir nicht eine falsche Abhängigkeit von Einheimischen an uns fördern wollten, ließ uns jedoch ohnehin viele Male von solchen materiellen Hilfeleistungen Abstand nehmen. Jedoch ist es im Einzelfall manchmal eine sehr schwere Entscheidung, wie man wirklich hilfsbedürftigen Menschen helfen will und kann.

Wir sind mobil – unser „Haci Murat" und der türkische Straßenverkehr

Nach längerer Zeit beschloss ich, nach einigen Erledigungen mal wieder unseren Freund Ibrahim zu besuchen. Mit seiner Frau und zum Teil auch seinen Kindern führt Ibrahim eine kleine Bäckerei in der Nähe des Wochenmarktes. Er ist ein „Usta" (Meister) und versteht sich gut aufs Backen von kleinen Plätzchen und anderen kleinen Köstlichkeiten. Heute habe ich eine Überraschung für unseren Freund. Wir haben für Renate ein richtig türkisches Auto gekauft. Ein „Haci Murat" ist es, ungefähr 30 Jahre alt. Das Fahrzeug sei nicht schlecht, erkläre ich Ibrahim. Es sei zwar etwas alt, aber für meine Begriffe noch recht gut erhalten. Und für den Stadtverkehr braucht es ja schließlich auch nichts Besonderes zu sein. Ibrahim Usta lachte zu meiner Überraschung laut und schaute mich mit etwas

verschmitzten Augen gerade an: „Dann werden ja eure Besuche bei
den Werkstätten in der nächsten Zeit nicht zu knapp ausfallen." Er
wusste mich aber auch in dem zu trösten, dass es ja fast an jedem
Bakkal (kleines türkisches Lebensmittelgeschäft) auch Ersatzteile für
diesen türkischen Wagen gebe … Er sollte bis auf die Ersatzteile im
Bakkal Recht behalten …

In den ersten Jahren unseres Aufenthaltes in Mugla nutzten
wir nach der Eröffnung unseres Verbindungsbüros und ersten
Gästen aus Europa einen vom örtlichen Ford-Händler neu er-
standenen Ford Transit mit 13 Sitzplätzen für die verschiedensten Transporte und auch privaten Zwecke. Mit der Zeit
wurde jedoch deutlich, dass dieses relativ große Fahrzeug für
unsere Fahrten als kleine Familie zu groß und z.T. auch un-
wirtschaftlich war. Zudem tat sich Renate schwer mit dem
Kleinbus und wäre bei einer Fahrt fast in einen Graben neben
der Straße gefahren. Wir hielten also hin und wieder nach einem kleineren und ökonomischeren Fahrzeug Ausschau. Eines Tages entdeckten wir in der Nachbarschaft einen Kleinwagen, der nach einer im Wagen angebrachten Notiz zum Verkauf stand. Das kleine, grüne Auto machte nach außen hin einen recht guten Eindruck und wir beschlossen, dem einmal
nachzugehen. Nachdem wir den Besitzer, einen älteren Lehrer
aus der Nachbarschaft, ausfindig gemacht und kurz über den
Wagen gesprochen hatten, unternahmen wir eine Probefahrt.
Auch Renate schien mit ihm zufrieden und nach einer nicht zu
lange währenden Preisverhandlung und einiger nachfolgender
Bedenkzeit entschlossen wir uns zum Kauf. Eine Entschei-
dungshilfe war uns hier auch, dass unsere Freunde Michael
und Michaela sich das Auto mit uns teilen und zum Kauf und
Unterhalt beitragen wollten. Wir waren also stolze Besitzer
eines typischen türkischen Kleinwagens der Marke „Murat
124" – im Volksmund „Haci Murat" genannt. Was dies für uns
bedeuten sollte und zu welch tiefen kulturellen Erfahrungen
wir durch unser neues Fahrzeug kommen sollten, hatten wir in
diesem Moment weder bedacht noch eine Ahnung von dem,
was uns alles erwarten würde …

Eine gewisse Vorahnung beschlich mich, als ich hier und da türkischen Freunden und Bekannten von unserer neuen Errungenschaft berichtete. Bei den meisten verriet ein Schmunzeln, dass hinter dem Haci Murat etwas mehr stecken musste, als wir zum jetzigen Zeitpunkt ausmachen konnten. Der im Volksmund „Haci Murat" genannte Kleinwagen ist eigentlich von seiner Bauweise ein türkischer Fiat 124. Er wurde lange Zeit wie auch so manch andere Autos in der Türkei in Lizenz gebaut. Das bedeutet, dass der Wagen dem in Italien konzipierten Original entsprechend in der Türkei gebaut werden durfte, der Originalhersteller aber für diese von ihm ausgestellte Lizenz eine Vergütung erhält. Eine ähnliche Vorgehensweise gibt es in der Türkei für viele andere Produkte ebenfalls, so dass mancherlei Markenprodukte eigentlich im Inland unter Lizenz hergestellt wurden. Manchmal fehlen allerdings auch die Lizenzen und das Produkt wird sozusagen „schwarz" unter Benutzung des Originalmarkennamens oder eines wenig veränderten Namens (ein guter Freund kaufte einmal bei uns auf dem Bazar Badeschlappen der Marke „Abidas") auf den türkischen Markt gebracht. Viele Touristen nutzen in der Türkei in jedem Jahr diese vermeintlich riesigen Preisunterschiede bei verschiedenen Markenartikeln, müssen dann aber doch zu Hause den großen Qualitätsunterschied der „Markenware" bemerken.

Unser Haci Murat jedenfalls hatte eine Lizenz und war rechtmäßig unter einer solchen in der Türkei gebaut. Seinen volksmundigen Namen hatte er wohl von dem, dass mit diesem Auto einmal jemand die Wallfahrt (türkisch: „Hac") von der Türkei nach Saudi-Arabien gemacht hat. Diese Person würde ich allerdings gerne einmal kennenlernen, um ihn nach der Dauer und den Umständen seiner Reise zu befragen. Wie viele Werkstätten mag er unterwegs angefahren haben und wie haben Kühler, Auspuff und der kleine Motor diese lange Reise überstehen können …? Jedenfalls bewahrheitete sich in unserem Fall die Prophetie unseres Bäckermeisters über zukünftige Werkstattbesuche recht bald und auch sehr beständig!

Am Anfang waren es ja noch mehr die Schönheitsreparaturen, die uns gut beschäftigt hielten und uns mit besonders einem Autoteilehändler gut bekanntwerden ließen. Neue Bezüge, Bodenmatten und hier und da nützliche Utensilien ließen unser neues Familienmitglied schon in einem ganz anderen Licht erscheinen. Ein sicherlich längst fälliger Ölwechsel und die Kontrolle des Kühlerwassers und der Batterie ließen uns dann auch etwas mehr der Technik des Fahrzeugs vertrauen. Dass die Bremsen etwas einseitig zogen und die Handbremse sich fast ins Unendliche ziehen ließ, hielten wir dem Alter des Autos zugute. Knappe 30 Jahre türkischer (und vielleicht auch arabischer …?) Straßen mussten ja erst mal verkraftet sein! Einen der handelsüblichen Erste Hilfe- und Rettungskästen kauften wir dann auch bei dem besagten Händler. Schließlich müsse man so etwas ja bei einer der doch im Vergleich zu Deutschland recht häufigen Verkehrskontrollen vorzeigen können. Doch dieses Fahrzeug-Set war wirklich nur für diesen Zweck, nämlich das Vorzeigen zu gebrauchen: Ein Abschleppseil, mit dem sich wohl das Dreirad eines Kleinkindes ziehen ließe, eine Plastik-Taschenlampe ohne Birne, ein wenig Verbandsstoff und ein Bremsklotz, der von jedem kräftigeren Fahrzeug locker hätte überrollt werden können. Aber mit diesem preisgünstigen Set hatte man damals den gegebenen Zweck bei der Kontrolle erreicht und dem Gesetz Genüge getan.

Die abenteuerlich-turbulente Geschichte unserer Haci-Murat-Ära hatte damit jedoch erst ihren Anfang genommen. Inzwischen waren wir in unserer Kleinstadt mit unserem grünen Murat auch schon hier und da wahrgenommen worden. Mein Friseur meinte z.B. einmal, dass meine Frau wohl die Einzige sei, die in Mugla mit einem Haci Murat herumfahren würde. Ohnehin war der Straßenverkehr in diesen Tagen noch mehr dem Mann vorbehalten und eine Frau dazu in einem solch reparaturanfälligen Wagen erschien den Türken dann wohl doch etwas sehr gewagt. Schon bald tauchten dann auch die ersten Probleme am Wagen auf, die nun nicht mehr nur die Schönheit desselben betrafen: Manchmal ließ die Tür, manchmal auch der Kofferraum sich nicht öffnen. An eine Zentralverriegelung ließ sich ohnehin bei diesem Autotyp noch nicht denken, soweit ich mich erinnern kann, hatten sogar Zündung, Tür, Tankdeckel und Kofferraum jeweils unterschiedliche Schlüssel. Einige Male mussten wir letztlich von der anderen Tür her ins Auto einsteigen, um unseren gegenüberliegenden Sitz zu erreichen. Dass sich gleichzeitig alle Türen ohne Probleme öffnen ließen, erscheint mir rückblickend fast wie eine Seltenheit. Mit großer Vorsicht waren auch die Fensterheber zu genießen. Nach Möglichkeit betätigte man diese lieber nicht, und wenn man es doch tat (was bei der heißen Witterung im Sommer ja schier unvermeidbar war), nahm das Unheil fast unvermeidbar seinen Lauf… Entweder brach der Fensterheber ab oder geriet sonst irgendwie aus der Fassung. Oft genug saßen wir schwitzend in unserem überhitzten Auto und winkten Bekannten in anderen Autos durch die Windschutzscheibe zu, die mit moderneren Autos und z.T. mit Klimaanlage glücklicher, als wir es waren, durch die sommerlich warmen Straßen fuhren…

Ein besonderes Kapitel unseres Haci Murat war auch die Heizung. Manches Mal hätten wir vielleicht im Winter gerne die warme Luft gehabt, die im Sommer in das ohnehin heiße Auto strömte. Wenn dann auch noch die Fenster nicht zu öffnen waren, hatte man den Besuch für das türkische Schwitzbad gespart. Bei vielen Haci Murats ließ sich ohnehin die Heizung nur noch vom Motorblock her von Sommer- auf Winterbetrieb umstellen. Wir hatten es wohl anfangs noch mit den Seilzügen aus dem Innenraum des Autos versucht, aber das war doch ein tollkühnes Unternehmen, das nicht gut temperierte Fahrtstunden ohne Rückführungsmöglichkeit der entsprechenden Regulierungsvorrichtungen zur Folge haben konnte.

In einem engen und ursächlichen Zusammenhang stehen natürlich auch die Haci-Murat-Erlebnisse mit unseren Erfahrungen, was den türkischen Straßenverkehr, Einrichtungen wie TÜV und Abgaskontrolle sowie andere Bereiche des Verkehrswesens betrifft. Dabei haben wir ja nicht nur mit unserem grünen Kleinwagen am Straßenverkehr teilgenommen, zuvor schon und auch später fuhren wir mit den unterschiedlichsten Fahrzeugen durch türkische Lande.

Das Einfachste scheint mir nach allen Erfahrungen zu sein, für weitere Entfernungen den öffentlichen Bus und für den Stadtverkehr das Fahrrad zu benutzen. Letzteres tat uns viele gute Dienste, obwohl wie gesagt die Einheimischen noch relativ wenig darauf zurückgriffen. Erst jetzt werden aber auch in Mugla die ersten Fahrradwege gebaut, aber es wird wohl noch ein längerer Weg sein, dieses in das türkische Denken (etwa der Geschäftsmänner) zu etablieren. Ich wurde auch noch nie mit meinem Fahrrad von einer Kontrolle angehalten, was ich von Autofahrten überhaupt nicht sagen kann. Da kann es schon geschehen, dass man auf einer relativ kurzen Strecke sogar mehrmals von verschiedenen Polizeistreifen in seiner Fahrt unterbrochen wird. So genau wie hier Papiere, der Zustand des Autos und die mitgeführten Verbandskästen kontrolliert werden, konnte man das vom türkischen TÜV zu dieser Zeit jedenfalls nicht behaupten. Nachdem ich hier dieselbe Prozedur bereits einige Male selbst erlebt hatte, lud ich einen guten deutschen Freund ein, mit mir so eine türkische Abgas- und TÜV-Kontrolle zu durchfahren. Ich erzählte ihm bereits zuvor in groben Zügen, wie die vor uns liegende Zeit in etwa ablaufen würde. Er konnte es schier nicht glauben, erlebte dann jedoch mit mir zusammen den ganzen Prozess sozusagen „live".

Es blieb auch heute bei der Untersuchung der Fahrgestellnummer, einem Rundgang um das Fahrzeug und Kontrolle des Lichtes bzw. des Vorhandenseins von Verbandskasten und Warndreieck. Wurde diese Basis-Untersuchung erfolgreich durchlaufen, bekam man den obligatorischen Aufkleber auf das Nummernschild und durfte sich weiterer gemeinsamer Jahre mit seinem Fortbewegungsmittel erfreuen.

Was den türkischen TÜV betrifft, muss ich jedoch hinzufügen, dass sich das Prozedere in den letzten Jahren deutlich verändert hat. Wohl auch im Hinblick auf die Annäherung an die EU sind inzwischen die alten Untersuchungsposten durch neuere Stationen ersetzt worden, die jetzt viel genauer die Sicherheit der vorgeführten Fahrzeuge überwachen. Ich selbst konnte bei der letzten Vorführung unseres noch türkischen Autos feststellen, dass die neuen Untersuchungsstellen durchaus den europäischen Standards nahe kommen und nun wohl viele Autos älteren Jahrgangs in der Türkei ihre letzten Fahrten antreten müssen. Autobesitzer, die nur die alte Art der Kontrolle gewohnt waren, müssen da, so wie ich von einem TÜV-Mitarbeiter hörte, zum Teil recht uneinsichtig den neuen Kontrollverfahren begegnet sein. Auch hörte ich durch einen Freund, dass gerade zur Zeit der Einführung der neuen TÜV-Stationen riesige Schlangen von Autos vor den alten Stationen standen, die noch nicht umgerüstet hatten. Da nahmen wohl etliche Autobesitzer einen z.T. sehr langen Weg auf sich, um sich doch noch zwei Jahre Aufschub bis zur Trennung von ihrem geliebten Kraftfahrzeug zu ermöglichen…

Was den türkischen Straßenverkehr betrifft, mussten wir über die Jahre glücklicherweise nicht zu viel Lehrgeld bezahlen. Dass es in diesem Bereich auch durchaus anders hätte verlaufen können, zeigten mir immer wieder Berichte von Bekannten oder auch in Zeitungen über Unfälle auf den Straßen, die nicht nur mit Sachschäden abliefen. Ein deutlicher Pluspunkt im türkischen Straßenverkehr ist aber, dass man zu fast jeder Zeit einfach mit allem rechnen muss… Das erhöht die Aufmerksamkeit des einzelnen Verkehrsteilnehmers. Die Straße überquerende Tiere oder landwirtschaftliche Nutzfahrzeuge, unachtsame andere Autofahrer oder auf der Straße liegende Gegenstände verschiedenster Art können einen nicht in Panik versetzen. Ein weiterer deutlicher Pluspunkt in der Türkei ist, dass außerhalb der Metropolen die Zahl der Kraftfahrzeuge im Land verglichen mit z.B. der in Deutschland viel geringer ist. Das hält das Autofahren ruhiger und hier machen auch weitere Überlandfahrten deutlich mehr Spaß als in unseren überfüllten Verkehrszentren. Beachtet man einige wenige Besonderheiten, kann man sich im Land eigentlich recht gut und sicher mit dem Kraftfahrzeug oder auch als Fußgänger bewegen. Ein ganz wichtiger Punkt, den wir auch unseren Gästen immer wieder erklärt haben, ist die Sache mit den Zebrastreifen: Solche bedeuten offensichtlich in der Türkei nicht einen Vorrang der Fußgänger vor dem Kraftfahrzeug. Vielmehr scheint an dieser Stelle meist noch das „Recht des Stärkeren" zu gelten. Ich selbst habe es schon erlebt, dass ich bei der in solchem Verständnis „unvorsichtigen" Überquerung eines Zebrastreifens von einem herannahenden Autofahrer förmlich weggehupt wurde. Auch als Autofahrer brachte es da gar nicht viel, wenn man höflich an einem Zebrastreifen dem wartenden Fußgänger Vorrang geben wollte. Der tat nämlich in Erwartung des vorbeifahrenden Autos keinen Schritt voran und letztlich standen dann sowohl Fußgänger wie auch das Auto vor dem Streifen, manchmal dann sogar in Begleitung mit einem hinten stehenden, unverständig hupenden weiteren Fahrzeug.

Lustig fanden wir als Familie ein Erlebnis vor einer Autobahnauffahrt in Izmir. Ein überdimensional großes Schild mahnte hier die Verkehrsteilnehmer, wer denn nicht die Autobahn benutzen dürfe: Fahrradfahrer, Traktoren, Fußgänger waren z.B. in großen und rot durchkreuzten Bildern auf dem Verbotsschild aufgezeichnet. Wir wunderten uns hier noch mit unserem deutsch geprägten Verständnis, mussten jedoch bereits wenig später nach der Auffahrt auf die besagte Autobahn erkennen, wie berechtigt das große Schild war. Schon einige Hundert Meter nach der Auffahrt begegneten uns auf dem Mittelstreifen der Autobahn die ersten Fußgänger, die diesen wohl für ihren Nachhauseweg nutzten, andere sahen wir wenig später die Autobahn auf der gegenüberliegenden Seite überqueren. Inzwischen wird sich aber auch die korrekte Nutzung dieser Schnellstraßen unter den Einheimischen herumgesprochen haben.

3. Alltag in Asien und ein Platz auf der türkischen Alp

Gelernt ist gelernt: Unsere Tochter geht zur Schule

Noch etwas unsicher blickte ich mich in dem recht einfach gestalteten Klassenraum um. Die Wände waren in einem schlichten, gelblichen Ton gestrichen und das in öffentlichen Räumen meist gegenwärtige Foto des Vaters der Republik hing erhöht über einer Kreidetafel älteren Datums. Einfache und recht kleine Holztische standen in drei Reihen hintereinander, der Boden war aus Stein. Einige überdimensionale türkische Schriftzeichen zeugten von der Unterrichtstätigkeit der ersten Schulwochen. Noch war es draußen angenehm warm und die Sonnenstrahlen der späten Nachmittagssonne erhellten den Raum. Nur wenige Elternteile waren früher als ich eingetroffen und vier oder fünf der Männer und Frauen saßen sichtlich unbequem auf den für sie viel zu kleinen Schülerstühlen. Ein kleiner, türkischer Mann schaute mich bei meinem Eintreten in den Raum freundlich an und ich beschloss, mir einen der Stühle in seiner Nähe zu nehmen. Mit meiner fast 1,90 Meter Körpergröße muss ich auf dem Mini-Stuhl einen eher merkwürdigen Eindruck gemacht haben. Es sollte für mich nicht das einzig Merkwürdige an diesem vom Klassenlehrer der ersten Grundschulklasse einberufenen Elternabend bleiben ...

Als Familie hatten wir uns in unserem türkischen Umfeld eingelebt und gehörten hier inzwischen zu einem wahrgenommenen Bestandteil des Lebens in der Stadt. Auch wenn wir hier und da noch von solchen, die uns nicht kannten (z.B. auf dem wöchentlichen Bazar), als Touristen angesprochen wurden, fühlten wir uns inzwischen zu Hause und hatten mit unserem kleinen Reihenhaus und meinem Büro in der Innenstadt einen Platz im sozialen Gefüge der Menschen um uns herum. Unsere Nachbarn kannten uns, luden uns zu sich ein und auch wir konnten in unserem kleinen Heim manche Gäste begrüßen. Auch die Neugier ob der vielleicht so anderen Sitten und Gebräuche der sonst nur vom Fernsehen oder aus den Touristengebieten bekannten Ausländer war einer breiteren Akzeptanz gewichen. Wir gehörten einfach dazu.

Unsere kleine Tochter Hanna hatte bislang mit uns in unserem asiatischen Umfeld eine recht sorglose und unbeschwerte Kindheit erlebt. Zwar gab es hier und da die bekannten Auseinandersetzungen mit anderen Kleinkindern und auch wurde Hanna des Öfteren von den Erwachsenen ungefragt in die Wange gezwickt (in der Türkei ein für uns ungewohntes Zeichen der Freundlichkeit gegenüber Kleinkindern). Insgesamt aber erfuhr unser blondhaariger Schatz von den Einheimischen viel Liebe und Zuwendung. Türkisch hatte Hanna beim Spielen mit den anderen Kindern sozusagen „nebenbei" gelernt; etwas, was ihr manchmal angesichts unseres eigenen mühevollen Spracherwerbs zuvor unseren unausgesprochenen Neid einbrachte. Bis auf einige kürzere Heimataufenthalte in Deutschland und Österreich hatte Hanna ihr Umfeld nicht oft verlassen und gehörte ebenso zum Stadtbild dazu wie ihre Eltern. Ihre blonden Haare und blauen Augen brachten ihr viele Verehrer unter den Kindern und Erwachsenen ein; sie schien aber recht gut damit umgehen zu können. Nun nahte sich Hanna aber einem Alter, in dem die Einheimischen dazu übergehen, ihre Kinder in die Obhut auch familienfremder Personen zu geben. Schien uns dies anfangs noch etwas weit weg, machten wir uns dann aber doch Gedanken über den weiteren Weg unserer Tochter hier in der türkischen Gesellschaft. Konkret wurde es, als Renate einmal für eine Zeit nach Europa ging und Hanna und ich allein zurückblieben. Ob meiner Arbeit im Büro unserer Reisegesellschaft und der gegebenen Möglichkeiten in der Stadt beschloss ich, mich mit Hanna auf den Weg zu einem sogenannten „Kres" (vergleichbar mit einem Kinderhort) zu machen. In der Türkei gebrauchen viele, besonders berufstätige Eltern, einen solchen Kres, um ihre noch jungen Kinder tagsüber in guter Aufsicht zu wissen. Es gibt frei-kommerzielle Kindertagesstätten und auch solche, die gewissen Institutionen und größeren Arbeitgebern angegliedert sind. Nach einem ersten Gespräch mit der sehr resolut wirkenden Leiterin einer solchen Einrichtung in direkter Nähe zu meinem Büro meldete ich Hanna dann für eine erste Zeit im „Ucan balon" (Fliegender Ballon) an. Diese Einrichtung war in einem der vielen alten Häuser Muglas beheimatet und bot mehreren Altersgruppen Platz zum Spiel und zum gemeinsamen Lernen. Durch einen bunt bemalten Eingang betraten wir den Hof des Hauses und gelangten in das ebenfalls nett gestaltete Haus. Schon bald saß unsere kleine Hanna mit ihrem blonden Schopf inmitten der vielen schwarzhaarigen Jungen und Mädchen des „Fliegenden Ballons". Zunächst schien die dortige Atmosphäre unserem Kind noch etwas ungewohnt, und nur zaghaft folgte sie den Aufforderungen der vielleicht aufgrund des ausländischen Kindes ebenfalls noch unsicheren Erzieherinnen. Ich entschloss mich, zunächst bei Hanna zu bleiben und mit im Raum zu sein, etwas, was ich im Nachhinein als einen großen kulturellen Fehler ansehe. Nicht nur hat es für Hanna die zeitweise Trennung nicht leichter gemacht, auch war es wahrscheinlich für die türkischen Erzieherinnen ein sehr ungewohntes und wohl auch kulturell unpassendes Bild, einen Mann mit in ihrem Zimmer zu haben. Später wechselte ich meinen Platz in den Garten und Hanna schien es auch jetzt noch zu helfen, ihren Vater in nächster Nähe zu wissen. Einen gänzlichen Rückzug vom Geschehen brachte ich angesichts der bitteren Tränen meiner Kleinen nur sehr schwer zustande, musste ihn dennoch hier und da wegen verschiedener Arbeiten im Büro vollziehen. Als Renate dann von Europa zurückkam, erzählte Hanna ihr von den Erlebnissen im Kinderhort und dem plötzlichen Fernbleiben ihres Vaters. Das war dann sozusagen das erste Kapitel unserer Erfahrungen mit dem türkischen (Vor-)Schulsystem. Sehr viele weitere Kapitel sollten dem folgen und die Erlebnisse im Rahmen der Schule haben uns sicher einige neue Seiten des Orients eröffnet.

Nach der Anaokul nahte dann aber auch unweigerlich der Tag, an dem es dann wirklich „ernst" werden sollte – die Schule beginnt auch in der Türkei mit dem sechsten oder siebten Lebensjahr. Dies ist nicht nur für die Kinder ein wichtiger Schritt in Richtung Erwachsenwerden. Auch die Mütter und Väter realisieren spätestens jetzt, dass für ihre Kleinsten nun ein neuer Lebensabschnitt begonnen hat und diese sich zumindest für einige Stunden am Tag von ihrem Elternhaus lösen. Für uns war es auch eine Art Vertrauensschritt, gaben wir unsere kleine Hanna nun noch mehr als zuvor in die Obhut anderer, fremder Menschen in einem Land mit für uns immer noch manchmal sehr anderen Vorstellungen, Gewohnheiten und Weltanschauungen.

Und dann war er also da, der erste Schultag. Mit den anderen Eltern nahmen wir vor dem Schulgebäude Aufstellung und zunächst sorgte die Nationalhymne aus dem bereitgestellten Lautsprecher für einen würdigen Rahmen. Dann hielt der Direktor der Schule eine Rede und brachte unter anderem die Wichtigkeit des heutigen Tages und der schulischen Ausbildung zum Ausdruck. Später gingen die einzelnen Klassen der Schule geschlossen mit ihren jeweiligen Lehrern in das für sie vorgesehene Klassenzimmer. Hannas Klasse befand sich direkt neben dem Raum des Schulleiters im Erdgeschoss und wurde von der hineinstrahlenden Sonne erhellt. Dort befanden sich sehr einfach gehaltene Schulbänke, eine Tafel und das obligatorische Bild von Kemal Atatürk. Die anwesenden Kinder blickten sich in der Runde neugierig um und musterten dabei auch ihre zukünftigen Mitschüler. Hanna stach mit ihren blonden Haaren und blauen Augen natürlich auch hier hervor, gehörte dann jedoch recht bald ganz selbstverständlich zur Schülerschaft dazu. Sie war fortan bei allen bekannt und beliebt – auch bei den älteren Schülerjahrgängen. So eine deutsche Mitschülerin hatten ja schließlich nicht viele Schulen in der Türkei aufzuweisen …

Fortan hieß es also für unsere Tochter, neben vielen meist schwarzhaarigen und mehr als sie dunkelhäutigen Mädchen und Jungen die Schulbank zu drücken. Hannas Lehrer war mir eigentlich von Beginn an sympathisch, und die von mir konsultierten Lehrer an der früheren Schule hatten auch recht positiv von ihm gesprochen. Ilker Bey (Herr Ilker) war ein großer Mann mit schwarzem Schnurrbart und einem in der Regel freundlichen Lächeln. Wie unsere Tochter uns erklärte, konnte er aber auch recht böse werden und griff zuweilen zu Mitteln, die in unserer modernen Pädagogik Europas wahrscheinlich in jeder Lehrerbegutachtung beanstandet worden wären. Nicht nur erzählte Hanna uns von Handstreichen mit dem Lehrerstock für unfolgsame oder unaufmerksame Kinder. Eines Tages kam sie auch mit einem verschmitzten Lächeln auf dem Gesicht nach Hause. Einer der Jungen ihrer Klasse hätte heute zum wiederholten Male seine fehlende Lernbereitschaft gezeigt. Der Lehrer hätte daraufhin zu ihm gesagt, dass, wenn dies sich so fortsetzen würde, er einen großen Hammer nehmen und ihn auf den Kopf des Jungen hauen würde. Ich weiß nicht, ob der betreffende Junge diese Drohung ernst genommen hat und es ihm schlaflose Nächte bereitete. Jedenfalls konnte man trotz solch einer Drohung merken, dass Ilker Bey seine Kinder lieb hatte, und er führte sie in einer meiner Ansicht nach guten Weise bis zum Abschluss der Grundschule. Bis dahin war er übrigens fast der alleinige Lehrer der Kinder, was für mich einen weiteren großen Unterschied zum deutschen Schulsystem ausmacht. Ilker Bey unterrichtete Türkisch, Mathematik, Erdkunde, Religion, Geschichte und sogar Musik. Hanna berichtet uns bis heute noch manchmal mit einem Lachen von ihrem Lehrer, der die Blockflöte fast wie eine Querflöte zum Mund führte und der Kinderschar das Musizieren beibrachte.

Insgesamt machte der Schulalltag in der Türkei im Vergleich mit unserem deutschen Schulsystem einen viel stressfreieren Eindruck. Immer wieder sah ich bei kurzen Besuchen oder Erledigungen in der Schule von Hanna die Lehrerinnen und Lehrer den obligatorischen Tee trinkend in den langen Korridoren der Schule stehen. Sie waren mit Ihresgleichen im Gespräch, gaben den um sie herumlaufenden Kindern kurze Anweisungen, vertraten sich die Beine etc. Auch der Schulleiter machte meist einen sehr entspannten Eindruck und war für uns auch bei spontanen Besuchen stets zu sprechen. Bei einer

Tasse Tee hörte er sich gerne unsere Fragen oder auch Verbesserungsvorschläge an und war manchmal fast wie ein vertrauter Onkel zu uns. In den langen Sommerferien ist der Schulleiter übrigens mit seinem Stellvertreter oft alleine im Schulgebäude anwesend und führt auch in dieser schulfreien Zeit seine Amtsgeschäfte. Insgesamt gesehen wirkt die Institution Schule in der Türkei auf mich einfach erheblich menschlicher und weniger kompliziert, manchmal aber auch unorganisiert und zuweilen grenzüberschreitend. Zwei Beispiele aus eigenem Erleben mögen das verdeutlichen:

Manchmal machte die Klasse von Hanna mit ihrem Lehrer einen Ausflug. Meistens war der Weg für die Klasse dabei nicht zu weit, liegen in unserer Stadt ja auch die öffentlichen Einrichtungen größtenteils in erreichbarer Nähe. Heute sollte es zu einem kleinen Theater in der Stadt gehen. Da dieser Besuch wohl recht spontan geplant wurde und die Zeit zwischen dem übrigen Unterricht und der Exkursion zum Theater knapp bemessen war, nahm Ilker Bey kurzerhand seine gesamte Klasse, packte sie in enger Reihe und z.T. übereinander sitzend in seinen PKW und fuhr zum Theater. Das hätte einmal in Deutschland ein Klassenlehrer mit seinen Schülern machen sollen! Als ich später Hannas Lehrer auf diesen Ausflug ansprach, lachte er verschmitzt und fragte, was er denn ob der gebotenen Eile wohl hätte machen sollen. Dabei schwenkte er sein türkisches Teeglas in der Hand und sah mich freundlich lächelnd an.

Bei einer anderen Gelegenheit erzählte Hanna uns von einem Versuch, den sie mit ihrer Klasse im sogenannten „Fen"-Unterricht (vergleichbar mit Physik) gemacht hatte. Hier hatte der Lehrer eines der vielen kleinen Tee-Gläser aus der Schule genommen und ein Thermometer hineingetan. Das Ganze wurde dann mit kochendem Wasser übergossen und sollte wohl die Temperatur desselben anzeigen. Was der Lehrer jedoch nicht bedacht hatte war, dass das für den Versuch benutzte Teeglas diesen Temperaturen möglicherweise nicht standhielt und folglich vor der zusehenden Klasse zerbarst. Der Kommentar des Lehrers war nach Hanna nur: „Dieser

Versuch ist nichts gewesen." Zur gleichen Zeit machte sich meine Frau auf den Weg zur Schule, um dort etwas zu erledigen. Sie fand in der Klasse die auf dem Boden hockenden Kinder vor. Sie amüsierten sich mit den umherliegenden Quecksilberkügelchen und schossen sie auf dem Boden umher. Renate findet dieses Kapitel türkischen Schullebens bis heute nicht sehr lustig, während sich unsere Tochter dessen gern erinnert…

Zum offiziellen Charakter der Schule trug sehr ein jeweils am Montagmorgen vor der ersten Stunde und Freitag nach der letzten Stunde gehaltenes Treffen vor dem Schulportal bei. Hier wurde dann jeweils die Nationalhymne gespielt und der Schulleiter richtete einige Worte an die anwesende Schulgemeinschaft von Kindern und deren Lehrern. Je nach Situation der Schule und Verlauf der Woche konnte die Rede des „Müdür" (Direktor) auch mal länger dauern. Besonders in den heißen Monaten am Freitagnachmittag wurde es den Kindern (und Lehrern?) dann etwas zu lang.

Hanna übernahm die eine oder andere Formalität der Schule später auch in ihr eigenes Leben. So hörten wir sie einmal im oberen Stock unseres Hauses ein auch uns inzwischen sehr bekanntes Gedicht der türkischen Schule laut aufsagen:

„Türküm, dogruyum, caliskanim – ilkem kücüklerimi korumak – büyüklerimi saymak…"

(Ich bin Türke, ich bin ehrlich, ich bin fleißig – ich beschütze die Kleinen – habe Respekt vor den Großen…)

Nach oben rufend wies ich Hanna daraufhin mit den Worten zurecht, dass sie doch gar keine Türkin sei. Mit von uns unerwarteter und herzlicher Spontaneität hörten wir sie daraufhin ihr in der Schule gelerntes Gedicht mit noch lauterer Stimme wie folgt aufsagen:

„Almanim, caliskanim…" (Ich bin Deutsche, ich bin fleißig…)

Insgesamt war das türkisch-staatliche Schulsystem für uns eine wichtige Erfahrung auf dem Weg, und ich glaube, besonders unsere Tochter erinnert sich meist mit Freude an ihre gemeinsame Zeit mit den einheimischen Kindern in den einfachen, hölzernen Schulbänken. Wenn wir in den Ferien an unserem früheren Wirkungsort sind, besucht sie hin und wieder ihre alte Klasse im Unterricht. Auch das war bislang äußerst unkompliziert, und bei unserem letzten Besuch in der Türkei erzählte mir der Gehilfe des Schulleiters, dass Hanna immer noch in der Schülerliste geführt würde. Sie sei nur vermerkt als jemand, der sich derzeit im Ausland aufhält... Das ist türkische Schule, wie wir sie kennengelernt haben. Wenig bürokratisch, spontan reagierend und mit Herz für das Kind und seine besondere Situation. Übrigens gab es nie irgendwelche besonderen Bemühungen der Schule oder der zugeordneten Schulbehörde, Hanna in ihrer Integration an der staatlichen Schule zu unterstützen. Sie gehörte einfach dazu und wurde herzlich im Kreis der anderen Kinder aufgenommen. Was für Hanna jedoch von unserer Seite wahrscheinlich eine große Hilfe war ist, dass sie schon recht früh in ihrer Muttersprache Deutsch lesen und schreiben lernte und wir sie mit einem Lernhelfer auch in ihrer türkischen Schulzeit im Deutschen weiterbildeten. Auch lernte sie bereits in frühen Jahren durch unser Eingebettetsein in der türkischen Kultur die Landessprache und hatte in der Schule in dieser Hinsicht kaum Probleme.

Nach außen reserviert, von innen respektiert und manchmal auch ziemlich offen – die Welt der Frau in der Türkei (von Renate Louven)

Es war für mich völlig überraschend. So etwas hätte ich nicht erwartet, auch nicht für möglich gehalten. Die Frauen, die sich noch vor wenigen Stunden wie üblich eher zurückhaltend und in einem schlichten Mantel gekleidet dem Haus von Ayse genähert hatten, sahen nun ganz anders aus. Und ihre Unterhaltung konzentrierte sich nicht wie sonst auf Themen des Haushalts und der Kindererziehung. Ziemlich offen sprachen zwei Frauen mir gegenüber über manche ihrer persönlichen Wünsche an die sie umgebende Männergesellschaft. Bei diesem Treffen geschah etwas für mich völlig Neues. Ich erlebte meine türkischen Freundinnen plötzlich von einer ganz an-

deren Seite. Es fehlte nur noch, dass unsere Gastgeberin mir zur
Begrüßung einen Cognac angeboten hätte. Vielleicht hätte ich jetzt
einen brauchen können ob all der für mich neuen und zum Teil hef-
tigen Eindrücke ...

Die Frau nimmt in der Türkei je nach Herkunft, Bildung, Alter und Familienstand ganz unterschiedliche Rollen ein. Eines aber ist im Gegensatz zu Europa klar, nämlich dass die klassische Rollenverteilung in der Gesellschaft noch recht verwurzelt ist und durch unterschiedlichste Verhaltensweisen zutage tritt. Die folgenden Gedankensplitter spiegeln meine ganz persönliche Wahrnehmung wider, sie entsprechen dem, was ich in all unseren Jahren in der Türkei beobachtet, erlebt und im Gespräch erfahren habe.

In der Familie ist die Frau schlechthin diejenige, die die Kinder erzieht, für den Haushalt zuständig ist, kurzum die Familie zusammenhält. Sie ist es auch in der Regel, die in die Familie hineinwächst und anfänglich von ihrer Schwiegermutter angelernt wird, wie sie ihren künftigen Mann, nämlich deren Sohn, in Zukunft versorgen sollte. Dies ist meist eine gewaltige Umstellung, zumal die angeheiratete Frau oft noch sehr jung ist. Heimweh ist keine Seltenheit und die neue Familie oftmals gewöhnungsbedürftig. Die Schwiegermütter nutzen die Gelegenheit nicht selten, um sich ein ruhigeres Leben zu gönnen, denn jetzt haben sie ja eine, die ihre Aufgaben übernehmen kann. Je nach Gebiet ist diese Sitte schwer erträglich. In dem von uns bewohnten westlichen Teil der Türkei weniger als in den östlichen Provinzen des Landes finden sich Bräuche und Praktiken, die für unsere Augen doch weit von Europa entfernt scheinen. So erzählte mir, als ich einmal im Bus unterwegs war, ein junger Mann, der erst vor einem Jahr geheiratet hatte, voller Stolz, er hätte seine Frau auch schon geschlagen, damit sie Respekt vor ihm hätte. Außerdem müsse seine Frau wortlos sämtliche Wünsche seiner Eltern von ihren Augen ablesen, was natürlich eine geraume Zeit dauern kann, bis man seine neuen Schwiegereltern genug studiert hat. Möglicherweise hat sie es aber schnell gelernt, weil sonst negative Konsequenzen folgten. Wenn sie dann allerdings zusehends als Familie wachsen und die Frau auch mit Söhnen gesegnet ist, wird sie zunehmend angesehener und bekommt immer mehr das Sagen, ja bis sie schließlich das „Regiment führt". Meistens verselbständigen sich die Familien dann auch mittels räumlicher Trennung von den Eltern, wenn sich diese Möglichkeit bietet. Dieser Schritt in Richtung eigenständiger Familie räumt der Frau weitere Freiheiten ein.

Die meisten Frauen sind sehr geschickt bei Handarbeiten und sind deshalb fleißig dabei, die Aussteuer ihrer Töchter kunstvoll herzustellen. Außerdem sind sie gute Köchinnen, die jederzeit in der Lage sind, irgendwelche Köstlichkeiten hervorzuzaubern. Wenn nichts im Haus sein sollte, wird dennoch, auch wenn das Geld knapp ist, einfach eingekauft, wenn nötig unter Anschreiben, denn Gastfreundschaft ist oberstes Gebot. Der Gast soll sich wohl fühlen, mit Leib, Seele und Geist. Deswegen wird auch nicht die Uhr in den Mittelpunkt gestellt, sondern das Anliegen des Gastes. Wenn man auch nicht viel hat, versucht man mit dem Besten aufzufahren und darunter fällt vor allem, viel Zeit zu haben. Selbst Freunde von uns wurden von unseren Nachbarn einmal herzlich aufgenommen und durften bei ihnen sogar übernachten, als sie merkten, dass wir nicht zu Hause waren.

Nachbarschaft pflegen ist natürlich auch eine Aufgabe, die sich Frauen gerne zu eigen machen. Dafür sind richtiggehende Kulturen der Begegnung entstanden. Diese wurden von den Einheimischen zum Teil selbst entwickelt, zum Teil stellen sie aber auch durch religiöse Praktiken gegebene Gewohnheiten dar. Sie verlangen – speziell den Frauen – einiges an Einsatz ab. So machte Emine es sich zur Gewohnheit, mit ihrer Nachbarin, mit der sie sich sehr gut zu verstehen schien, gemeinsam den Haushalt zu machen. Entweder half sie ihr oder umgekehrt und so verloren sie keine gemeinsame Zeit. Andere wiederum tun sich zusammen, um gemeinsam Nudeln herzustellen oder Bohnen zu präparieren usw. Dies geschieht dann auch im Wechsel, damit jeder auch dann zu seiner Zeit Hilfe be-

kommt. Dies ermöglicht wiederum, dass die Frauen der Nachbarschaft im Gespräch ihnen Wichtiges bereden und gleichzeitig ihre Arbeit erledigt bekommen, was ich sehr praktisch
finde. Manchmal wird auch nur erzählt und gestrickt und ge-
häkelt für die Aussteuer oder Mitgift, zum Verkauf auf dem
Markt, für die Enkelkinder oder auch andere Zwecke. Eines
steht fest – an Langeweile leiden die Frauen eher nicht. Es gibt
immer etwas zu tun, bedingt durch den Wechsel der religiösen
Feste, durch individuelle Gruppentreffen oder durch Krank-
heitsfälle in der Familie, die eine besondere Betreuung im
Krankenhaus oder die abwechselnde Verköstigung und Pflege
im Turnus innerhalb der Verwandtschaft nach sich ziehen
können.

Kindergeburtstage werden in der Regel auch gefeiert.
Ebenso wird, wenn ein Sohn zum Militär geht, ein riesiges
Abschiedsfest mit Tanz veranstaltet. Verlobungen und Hochzeiten verlangen selbstverständlich auch immer einen immen-
sen Einsatz. Auf die Geburtstage Erwachsener legt man hingegen im Allgemeinen keinen Wert. Kinder sind wie Blumen, die
das Haus verschönern, und es wird alles in sie investiert, was
nur irgendwie möglich ist. In den Schulen merkt man sehr
stark, dass diese mit zusätzlichem Unterricht an den Wochenenden, die auch entsprechend bezahlt werden müssen, geför-
dert werden sollen. Die Kinder haben dann oft keine Zeit
mehr zum Spielen oder für das Eigenleben, was allerdings vo-
rübergehend ein Muss zu sein scheint, denn die Zukunft steht
auf dem Spiel. Ein einfacher Handwerker hat erfahrungsge-
mäß keinen leichten Stand, ihm stehen lange Arbeitszeiten
und ein geringes Einkommen bevor. Dies wiederum bedeutet
wenig Zeit für die Familie, von Freizeit ganz zu schweigen.
Manchmal, so wie bei einem anderen Bekannten, wollen diese
Arbeiter auch weiterkommen und sich finanziell mehr leisten
können. So kommt zu einem ohnehin schon langen Tag in der
Firma auch noch zusätzliche Arbeit nach Feierabend hinzu,
was für so manche Frau wirklich nicht mehr leicht auszuhalten
ist. Gemeinsame Zeiten werden schließlich gestrichen und eigentlich verbindet nur noch Essen und Schlafen die beiden.

Die Frauen in Mugla unterscheiden sich vom äußeren Erscheinungsbild manchmal sehr, die Spannweite reicht von ganz modern bis traditionell. Aber erst beim näheren Hinsehen erkennt man, wo sich hinter der Kleidung eine religiöse Überzeugung oder nur religiöse Tradition verbirgt. Hin und wieder erlebt man, dass junge Frauen das Kopftuch zu tragen beginnen, weil ihnen die Wichtigkeit dessen vor Augen geführt wurde. Andere wiederum versuchen, sich dieser Gewohnheit zu entledigen, weil ihnen die Männer dies freigestellt haben. Umso erstaunlicher ist es für uns dann manchmal zu beobachten, dass einige dieser Frauen das Tuch dennoch wieder tragen, weil sie sich sonst ,nackt' fühlen und sie nicht auffallen möchten.

Manche Frauen sind Dank Kemal Atatürks Initiative auch außerhalb des Hauses recht aktiv und z.T. berufstätig. Einige von ihnen, die ich kennengelernt habe, möchte ich hier – unter Änderung ihrer Namen – vorstellen.

Fatma zum Beispiel arbeitet als Büroangestellte, hat zwei Kinder, die zur Schule gehen, und einen Haushalt zu bewältigen. Sie selbst scheint damit aber überfordert und sieht sehr krank aus. Mir fällt dies auf und ich entschließe mich, sie zu besuchen und ihr ein paar Stunden Entspannung zu ermöglichen. Ich möchte sie in eine Konditorei einladen, damit sie nichts machen muss und einfach mal erzählen kann. Doch nein, sie muss ihren Mann zuerst um Erlaubnis fragen. Sie schändet sonst womöglich die Ehre des Mannes, wenn sie mit einer Ausländerin von Bekannten gesehen wird. Sie hat Angst vor den Folgen, die es nach sich ziehen könnte, wenn sie nur eine halbe Stunde aus dem Hause ginge. Das ist manchmal schwer nachzuvollziehen, wenn man in einer anderen Welt aufgewachsen ist wie ich. Ich frage sie, ob sie denn die Möglichkeit hat, sich mit Freundinnen zu treffen und auszutauschen, was ja vielfach geschieht unter den Frauen und diese inspirieren und stärken kann. Aber auch das scheint ihr untersagt zu sein und so plätschern die Tage weiterhin trostlos und leer dahin und Fatma wird immer depressiver.

Gülnur berichtet von ihrer Anstellung bei der Post. Ja, es war eine gute Zeit, sie bezieht bereits Rente, ihre Söhne sind nun verheiratet und ihr Mann schon mehrmals am Herzen operiert. Sie ist die treibende Kraft in ihrer Familie – obschon sie sehr unter Rückenschmerzen leidet. Ihre Familie schätzt sie und sie fühlt sich, denke ich, trotz widriger Umstände geliebt und gebraucht. Ihr Mann ist dankbar und somit ihre Ehe gut und mit etwas mehr Tiefgang versehen. Ich war sehr überrascht, wie diese Frau, nachdem die ersten Enkelkinder geboren waren, buchstäblich ihre Rückenschmerzen zu vergessen schien. Ja, Familie ist mit das Wichtigste und wenn diese zur Zufriedenheit funktioniert, dann ist alles in Ordnung.

Zeliha, mit einem Kurden verheiratet, ist äußerst fleißig und tut alles für Haus und Hof. Sie hat vier Kinder, Kühe, Hühner ... Ihr Mann saß wegen Verdacht auf Drogenhandel für einige Jahre im Gefängnis. Sie hatte die ganze Last alleine zu tragen, verkaufte Milch, Joghurt etc. Diese Frau hat wirklich einiges geleistet, sie musste allein zurechtkommen, während ihr Mann anschließend von einer durchaus „erholsamen" Zeit im Gefängnis erzählte und dort sogar einiges an Weiterbildung erfahren durfte. In der Zwischenzeit arbeiten sie beide auf dem Bauernhof und aus einem Haus sind inzwischen mehrere geworden, weil ihre Verwandtschaft sich vergrößert hat. Ihr Wohnzimmer ist sehr geräumig und spricht dafür, dass sie auch wirklich viel Besuch haben. Die Töchter und Schwiegertöchter arbeiten wie selbstverständlich mit, wo Hilfe benötigt wird, und so ist die Gastfreundschaft auch keine sonderliche Belastung. Nein, sie wird vielmehr als Bereicherung und Segen empfunden, wenn Besuch sich einstellt, und sie sind bemüht, den Gast fürstlich zu bedienen. Begonnen wird mit einem „Herzlich Willkommen"-Gruß, der mit einem Schuss Erfrischungsparfüm bekräftigt wird. Dann erkundigen sie sich eingehend nach dem Befinden und danach wird für das leibliche Wohl gesorgt. Nur mal schnell ein Hallo ist in der Regel nicht angebracht und so wird erzählt und man besucht sich anschließend gegenseitig, sofern dies erwünscht ist.

Melek ist eine wichtige Person im Gemeindewesen und steht somit im Rampenlicht. Sie fühlt sich am rechten Platz. Ihr Mann hingegen stellt das genaue Gegenteil dar, ist gerne im Hintergrund und beobachtet. Hier ist das Nebeneinander in der Ehe ganz offensichtlich, aber in vielen Ehen ist es einfach schon von der gesellschaftlichen Ordnung her üblich, dass Männer und Frauen auf emotionaler Ebene ein separates Leben führen.

Auch Fatima weiß, was sie will, aber ihr Mann ist krank. Er hat keine Linie und gibt nicht die Richtung vor, die sie sich für ihre Kinder wünscht. Sie steht im Konflikt und dieser scheint sie selbst krank zu machen. Die Kinder stehen ohne Führung da und sind den Gefahren ausgeliefert, sich zu verlieren, sprich aufzugeben. Die Schule ist abgebrochen, der Umgang mit Freunden fragwürdig und die Zukunft sieht derzeit nicht rosig aus. Ich freue mich aber immer wieder, mit Fatima und den Kindern Kontakt aufzunehmen, und bin dankbar, wenn ich etwas Besserung und Hoffnung einkehren sehe. Besonders die Kinder sind mir sehr ans Herz gewachsen, da ich sie von klein auf kenne. Wo es mir möglich ist, versuche ich, ihnen unter die Arme zu greifen und hin und wieder Abwechslung zu bieten. Das Verhältnis zu den Nachbarn gestaltet sich auch nicht immer leicht und so wechseln zeitweise die engeren Kontakte. Manchmal bringen Beziehungen eben leider auch Enttäuschungen mit sich. Für die Familie ebenfalls sehr belastend war die Frage der Arbeit, die aufgrund der Erkrankung des Mannes wiederholt mit versuchtem Ortswechsel verbunden war. Den Kindern wurde in ihrem Leben somit schon einiges zugemutet, das sie auch in Zukunft beschäftigen wird.

Gülnur ist gerne „ in" und versucht sich mit Joggen, hält sehr viel von guter Innenraumgestaltung und anderem Komfort. Ihr Lebensziel heißt gesund bleiben, gut leben und die Kinder groß ziehen. Sie scheint recht dominant und ihr Mann ist ein harter Arbeiter. Regelmäßig trifft auch Gülnur sich, wie viele türkische Frauen, mit anderen, die sich gegenseitig zu einer größeren Anschaffung (Möbel oder Goldkauf etc.) verhelfen wollen. Ganz offiziell wird dies „Altin günü" (Goldtag) genannt. Bei solchen Treffen wird natürlich auch über Erziehung oder die Schule, Mode und andere Neuigkeiten gesprochen. So halten sich die Frauen auf dem Laufenden. Besprochen wird, wann die nächste Hochzeit oder Beschneidung stattfindet, wer krank ist und Hilfe braucht, usw. Auf diese Weise erfahren die Frauen, sofern es nicht eine zu große Überforderung darstellt, hin und wieder Hilfestellung, wenn sie in Not sind. Oft war ich an solchen Treffen überrascht zu sehen, wie offen die anwesenden türkischen Frauen sich hier zu manchen Themen äußerten. Auch ihre Kleidung fiel hier und da aus dem üblichen, dezenten Rahmen.

Eine andere Form von Gruppentreffen in der Nachbarschaft kann aus religiösen Gründen geschehen. So trafen sich einige Frauen auf Initiative einer Nachbarin, um gemeinsam den Koran zu lesen und zu beten. Dann herrschte eine besondere Atmosphäre – der gewohnte herzliche und offene Umgang miteinander trat zurück, auch das Rauchen wurde selbstverständlich eingestellt. Die Frauen bedeckten sich, lasen und beteten auf Arabisch, obwohl sie nicht alles verstanden. Auch am Freitag, dem Ruhetag der Muslime, besuchten sie sich und begrüßten sich mit einer speziellen religiösen Formel, um die Verbundenheit und Einheit im Glauben auszudrücken. Der Besuch der Koranschule für die jüngeren Kinder geschieht übrigens gelegentlich auf Eigeninitiative der Eltern, da der Religionsunterricht an staatlichen Schulen erst ab der 5. Klasse erteilt wird. So heißt es manchmal: „In den Ferien schicke ich meine Kinder zur Koranschule, denn hier werden Werte unterrichtet, die wesentlich sind." Manchmal empfand ich die Art der Unterweisung für Kinder als recht einengend und angsteinflößend, da bis ins Kleinste des Verhaltens hineingesprochen und manch freie Handlung untersagt wurde. Dieser Druck, sich richtig zu verhalten, weitet sich dann natürlich auf die ganze Gesellschaft aus. So achtet letztlich jeder darauf, dass der andere sich ja richtig verhält. Insbesondere der Verhaltenskodex für Frauen ist für unsere Augen zuweilen sehr streng. So dürfen an manchen Orten Frauen nicht einkaufen gehen oder in der Öffentlichkeit lachen, sonst fallen sie aus der Rolle einer anständigen Frau.

Eine Frau sollte auch bei Anbruch der Dunkelheit nicht allein auf der Straße unterwegs sein, sonst ist nicht nur sie in Gefahr, sondern auch die Ehre des Mannes bzw. der ganzen Familie. Und selbstverständlich werden heranwachsende Mädchen mit der Pubertät gerne unter besondere Obhut gestellt, damit sie die Familienehre nicht verletzen und, was ganz besonders wichtig ist, als Jungfrau in die Ehe gehen können. Dass nicht alle Frauen diesem Druck und Anspruch standhalten können, zeigten ja auch bei uns im Westen einige Beispiele der letzten Jahre. Ja, die Welt der türkischen Frau hat sehr verschiedene Seiten.

Von älteren Tanten, lustigen Lehrern und ganz viel Sonnenschein (von Hanna Louven)

Ich bin in der Türkei aufgewachsen und habe dort zehn Jahre gelebt. Seitdem ich in der Türkei bin, bewundern dort die Menschen meine blonden Haare und meine blau-grünen Augen, weil sie selbst meist braune Augen und schwarze Haare haben. Besonders die älteren Tanten haben, als sie mich sahen, mir in die Wange gekniffen. Die Türken machen das meistens, wenn sie jemanden süß finden. Dass sie es natürlich nicht böse meinten, wusste ich, aber ich habe mich schon manchmal aufgeregt und meiner Mama gesagt, dass ich das nicht möchte. Aber dann habe ich mich irgendwann daran gewöhnt.

Als ich noch nicht zur Schule ging, habe ich die meiste Zeit mit meinen türkischen Freundinnen gespielt. Ich hatte ein paar Puppen und auch Stofftiere aus Deutschland geschenkt bekommen und mit denen sind wir dann Picknicken gegangen und haben mit ihnen noch andere Sachen gemacht. Für meine Freundinnen waren die Puppen aus Deutschland etwas Besonderes, weil sie nicht aus Stoff waren, sondern aussahen wie echte Babys. Besonders beeindruckend fanden sie, dass sie auch trinken und auf die Toilette gehen konnten. Manchmal waren meine Freundinnen auch bei meiner Mama und die hat ihnen dann etwas auf der Gitarre vorgespielt und dabei gesungen. Sie haben alle ruhig zugehört. Da wollten sie auch alle Gitarre spielen können.

Als ich vier Jahre alt war, kam ich für zwei Monate in den „Kres" in der Türkei. Er hieß „Ucan Balon" (Der fliegende Luftballon). Das ist ein Ort, wo Kinder hingehen können, wenn ihre Eltern arbeiten. Ich war dort, weil meine Mama in Österreich war und mein Papa im Büro gearbeitet hat. Am Anfang hatte ich immer Angst und wollte, dass mein Papa da bleibt. Er blieb auch immer. Später setzte er sich vor die Tür und las etwas. Ich ging dann manchmal schauen, ob er noch da war. In dem „Kres" lernte ich mein erstes englisches Wort: „Flower" (Blume). Ich habe es bis heute nicht vergessen. In dem „Kres" haben wir immer Spiele gemacht und am Anfang habe ich mich nie getraut mitzumachen, aber nach einiger Zeit habe ich mich an die Kinder und Erzieher gewöhnt. Bei der Mittagspause haben wir immer ein Tablett bekommen und dann durften wir uns das Essen nehmen. Das Essen war immer sehr lecker und am liebsten mochte ich den Joghurt mit Gurken („Cacik"). Insgesamt fand ich die Zeit sehr schön und gegen Ende war ich auch nicht mehr so schüchtern wie am Anfang.

Mit fünf Jahren kam ich in den Kindergarten in der Türkei. Dort habe ich mit den anderen Kindern gemalt und gebastelt. In dem Raum gab es auch einen Fernseher, was Mama nicht sehr gefiel. Sie meinte, ich würde dann nur noch fernsehen und nicht mehr mit den andern spielen. Leider war ich nicht in der Schule, wo auch meine anderen Freunde von unserer Siedlung waren, weil meine Eltern dachten, meine Schule wäre besser, weil sie einen besseren Ruf hat. Mein Papa hat mich dann jeden Morgen mit seinem Fahrrad zu dieser Schule gefahren. Ich musste dann immer auf der Stange sitzen und die war nicht sehr angenehm.

Von November bis Januar sind wir dann nach Deutschland, nach Röt geflogen und mein Papa hat mir Lesen und Schreiben auf Deutsch beigebracht. Das haben meine Eltern gemacht, weil man ihnen gesagt hatte, dass man einem Kind zuerst die Muttersprache beibringen soll, bevor es eine andere Sprache lernt. In Deutschland habe ich auch einige Zeit im Kindergarten verbracht. Ich habe mit den anderen Kindern Spiele gespielt und wir hatten in dem Kindergarten auch eine

Art Baumhaus. Da saß ich am liebsten und habe gelesen. An Weihnachten haben wir in einer Kirche das Weihnachtsstück vorgespielt. Ich war ein Schaf. Ich musste immer nur mähen (es gab aber keinen Rasen ☺). Meine Mama hat mir dann eine Wolldecke umgebunden und so saß ich in der Kirche. Es war eigentlich ganz schön. Nach dem Weihnachtsgottesdienst haben wir alle eine Karte bekommen, mit Maria, Josef, den drei Königen und den Schafhirten, die wir dann ausmalen konnten. Insgesamt fand ich die Zeit ganz schön und auch lustig.

Als wir dann wieder in der Türkei waren, bin ich dort noch weiter in den Kindergarten gegangen. Nach den Sommerferien wurde ich dann in die erste Klasse eingeschult. Aber diesmal haben meine Eltern mich an der Schule, wo auch meine Freunde waren, angemeldet. Sie fanden die andere Schule zu voll, genauso wie ich. Dort waren in einer Klasse ungefähr 30-40 Schüler und dort wollte ich nicht sein. Außerdem war meine Schule auch näher dran. Nur eine Minute entfernt.

Unser Lehrer hieß Ilker Kocar. Er war sehr nett und konnte gut mit uns umgehen. Mich hatte er besonders gern, weil er noch nie ein deutsches Mädchen im Unterricht hatte und auch, weil er selber einige Zeit mal in Deutschland gewesen war und er mit mir ab und zu etwas deutsch sprechen konnte.

Jeden Montag vor und jeden Freitag nach dem Unterricht singt man in der Türkei die türkische Nationalhymne. Alle versammeln sich vor der Schule und zwei Kinder aus der 8. Klasse haben immer die türkische Flagge hochgezogen. Dabei hat einer von den Lehrern uns „dirigiert".

In meiner Schule war ich die einzige Ausländerin und auch die einzige, die blonde Haare hatte. Ich fiel natürlich zwischen all den schwarzen Köpfen ziemlich auf. Aber wir hatten auch nicht sehr viele Schüler. Nur etwa 100. Also waren das pro Klasse dann ca. 15 Kinder. Das ist auch sehr gut für die Lehrer. Sie können sich so viel besser auf einzelne Schüler konzentrieren.

Als wir angefangen haben Buchstaben zu lernen, konnte ich die meisten schon und deshalb war ich auch besser als die anderen (in der Türkei haben sie fast das gleiche Alphabet). Unser Lehrer hat versucht, uns die Buchstaben mit alltäglichen Dingen beizubringen. Zum Beispiel war das „h" ein Stuhl (von der Seite). Ich fand das ganz gut. Nur meine Mama fand das etwas kitschig. So haben wir die Buchstaben gelernt.

Einmal sind wir mit der ganzen Schule ins Theater gegangen. Eigentlich sollten wir laufen, aber dann hat unser Lehrer uns mit seinem Auto dort hingefahren. Unser Lehrer hatte einen Fiat Doblo und wir zwanzig Kinder haben alle da hineingepasst. Zwei saßen vorne neben dem Lehrer, sechs dahinter, drei auf der Rückenlehne und noch neun hinten im Kofferraum. Wir haben es geschafft. Es war sehr lustig. In der Türkei ist es nämlich erlaubt, dass Lehrer ihre Schüler mit in ihrem eigenen Auto mitnehmen dürfen. Nicht so wie in Deutschland. Da darf man das nicht, wegen des fehlenden Versicherungsschutzes oder so. Es ist auch erlaubt (zumindest macht es jeder), dass man in einem Auto mehr Leute als es Plätze gibt mitnimmt.

Dann kam der Winter. Unsere Schule wurde mit Kohle geheizt. Ein älterer Mann aus unserer Siedlung hat das jedes Jahr gemacht. Alle nannten ihn „Süleyman Dede" (Großvater Süleyman). Nur hat er immer viel zu viel Kohle geheizt und uns war immer sehr warm.

Die beste Zeit war der Frühling. Da wurde dann die Heizung abgestellt. Außerdem fingen so gegen März die Blumen an zu blühen und auch die Marienkäfer kamen. Meine Freundinnen und ich haben dann immer die Marienkäfer gesammelt und sie in Cappuccino-Dosen mit Löchern getan. In die Dose haben wir auch noch Blätter hineingelegt, damit sie sie fressen können. Aber später haben wir sie wieder rausgesetzt. Im Frühling war auch mein Geburtstag. Darauf habe ich mich am meisten gefreut. Ich habe da immer meine Freundinnen und Klassenkameraden eingeladen. Auch Freunde vom Dorf. Meistens habe ich Einladungskarten gebastelt, weil mir Basteln schon immer sehr gefallen hat. Als alle da waren, haben wir dann Spiele gespielt. Meistens haben wir Topfschlagen gespielt und dann haben wir Kuchen gegessen. Bei schönem Wetter sind wir danach rausgegangen und meine Freundinnen haben mir aus „Papatyas" (Gänseblümchen) einen Kranz gemacht und ich habe ihn mir auf den Kopf gesetzt. Papa hat immer sehr viele Fotos gemacht. Er musste immer alles festhalten und wir mussten lächeln. Na ja, sonst hätte ich ja jetzt all die Fotos nicht.

Manchmal haben wir meinen Geburtstag auch auf der Yayla gefeiert. Yayla ist so etwas wie eine Alm. Nur war unsere Alm nicht auf einem Berg, sondern unterhalb der Stadt Mugla. Wir hatten dort ein Volleyballfeld, einen Spielplatz, viele Bälle und andere Spiele. Dort sind wir dann mit unserem Transit hingefahren. Als wir da ankamen, hatte Mama immer schon den Kuchen hergerichtet und alles gedeckt und Papa hatte die Spiele vorbereitet. Wir haben dann zuerst mit den Spielen angefangen. Wir haben gerne Tauziehen gespielt. Danach haben wir uns hingesetzt und Kuchen gegessen. Mamas Kuchen schmecken immer lecker. Dann haben alle Kinder ihre Geschenke irgendwo auf der Yayla versteckt und ich musste sie suchen. Ohne „heiß" und „kalt" hätte ich die Sachen nie gefunden. Danach durfte jeder noch etwas machen. Manche sind auf den Spielplatz, andere haben auch noch Basketball gespielt. Viele haben sich die Schuhe ausgezogen und sind auf den Volleyballplatz gegangen. Im Sand macht es nämlich Spaß, barfuß herumzulaufen. Meine Geburtstage waren immer sehr schön für mich und bestimmt auch für die anderen.

Immer zwei Tage nach meinem Geburtstag war in der Türkei „23 Nisan" (23. April). An diesem Tag wurde das türkische Parlament eröffnet (TBMM). Außerdem ist es ein offizieller Feiertag für die Kinder in der Türkei. Alle Schulen haben sich dann im Stadion von Mugla getroffen und die türkische Nationalhymne gesungen. Meistens haben wir anschließend in der Schule noch etwas vorgeführt, zum Beispiel Gedichte aufgesagt oder auch etwas aufgeführt.

Eigentlich könnte ich mein eigenes Buch schreiben über meine Kindheit in der Türkei. Vielleicht würde es noch dicker als Papas. Aber jetzt habe ich gerade keine Zeit. Hier in Deutschland schreiben wir so viele Arbeiten. Und so mach ich hier mal Schluss. Vielleicht dann später mehr…

Von Festen und Feiern

Schon am späten Vormittag hatten wir gemerkt, dass irgendetwas im Gange war. Vor unserem Wohnblock war mehr los als sonst. Immer wieder hörte man Stimmen von unten in unsere Wohnung im ersten Stock dringen. Frauen und Männer schienen gleichermaßen beteiligt, auch Kinder waren zugegen. Da wir einen Gast aus Deutschland bei uns hatten, kümmerten wir uns jedoch weniger um das Treiben unten. Inge-Dore organisierte Segelreisen mit zumeist deutschen Teilnehmern und bot solche auch in die Türkei an. Vielleicht würden wir hier und da zusammenarbeiten. Am späten Nachmittag konnten wir das Treiben draußen jedoch nicht mehr ignorieren. Neugierig blickten wir hinunter zum freien Platz zwischen den beiden Wohnblöcken. Da unsere Siedlung noch relativ neu war, hatte die Stadtverwaltung hier noch nicht begrünt und der trockene Boden schien besonders in diesen Monaten mit seinem Staub nicht gerade einladend. Aber die recht fröhlich wirkenden Menschen unten schien das weniger zu stören. Sie waren eifrig dabei, Girlanden und bunte Folien zwischen den beiden Häusern aufzuhängen. Zuvor hatte man wohl Schnüre über den freien Platz gehängt. Auch wurden Sitzgelegenheiten in Position gebracht. Die einfachen, weißen Plastikstühle würden für unsere Augen die Stimmung zwar nicht heben, waren aber praktisch und günstig zu mieten. Ja, man konnte nun deutlich die Vorbereitungen für ein größeres Fest erkennen. Nach unserem in der Küche mit unserem Gast eingenommenen Abendessen konnte man sich dem Fest nun nicht mehr entziehen. Ein Fest ist in der Türkei Gemeinschaftssache, die Nachbarschaft ist integriert. Ob sie will oder nicht… Die bestellten Musiker hatten ihren Platz eingenommen, und obwohl noch lange nicht alle Gäste da waren, spielten sie laut auf. Vielleicht spielten sie auch, um den Rest herbeizurufen?… Ich entschloss mich, mit meinem deutschen Gast zumindest für eine Zeit hinunterzugehen. Renate blieb mit unserer noch kleinen Hanna oben. Wie selbstverständlich wurden wir schnell ein Teil der Festgemeinde. Da fragt niemand groß nach dem Woher oder Wohin, man ist dabei und teilt die Freude der Feiernden. Ob wirklich immer alle wissen, was man überhaupt feiert?… Laut und durch die Häuserfronten noch verstärkt klang die orientalische Musik *durch unsere Mahalle. Ich stelle mir vor, was passieren würde, wenn jemand in Deutschland auf die Idee käme, so sein Fest zu feiern und den ganzen Straßenzug mit einzubeziehen. Mein deutscher Gast hat dies, glaube ich, in Erinnerung behalten. Wir blieben doch etwas länger unten. Schlafen wäre zu der Zeit ohnehin keine wirkliche Alternative gewesen ...*

Die Zahl und Art der Feste, die ein Volk feiert, gibt sicherlich auch einen Einblick in seine Kultur. Wir wurden bereits sehr früh mit hineingenommen in das Feiern in der Türkei. Bereits in unserer Gastfamilie in Antalya ganz zu Beginn wurden wir auch in diesen Bereich des Lebens „integriert". Da wir ja mit unserer Aufnahme in die Wohngemeinschaft von Hafize und Ismail sozusagen mit zur Familie gehörten, waren wir zu den Festen der Großfamilie mit eingeladen. Im Frühsommer eingezogen, waren wir recht bald bei der ersten türkischen Hochzeit mit dabei. Hochzeiten werden in der Türkei zumeist in den warmen Monaten des Jahres gefeiert. Dieses hat seinen Grund u.a. darin, dass im weit gesteckten Familien- und Freundeskreis breit eingeladen wird und oftmals mehrere Hundert Personen zu einer Hochzeit zusammenkommen. So manches Fest findet da im Freien statt, entweder in speziell dafür hergerichteten Gartenrestaurants oder auch im Wohnbereich der ausrichtenden Familie. Auch haben die Kinder in den Sommermonaten ihre langgezogenen Ferien und können so zusammen mit ihren Eltern am Fest teilnehmen. Viele Gäste treten einen längeren Weg an, da die Familien oftmals über weite Teile des Landes verstreut leben. So ist eine Hochzeit auch immer wieder eine Art Familienzusammenführung und dementsprechend groß die Freude des Wiedersehens auf manchen Seiten. Hinzu kommt, dass ja auch die Familie des angeheirateten Partners dem Fest beiwohnt und die hier erstmals kennenzulernen ist. Letzteres muss nicht immer harmonisch verlaufen, wir haben auch von Hochzeiten gehört und eine selbst miterlebt, bei der erhebliche Spannungen zwischen den Familien auftraten und diese nicht nur mit Worten beigelegt wurden. So können Hochzeiten hier und da auch mal

Menschen mehr auseinander- als zusammenführen. Doch ist dies eher selten und für die beteiligten Familien verständlicherweise tragisch.

Mehr als zuvor in der Großstadt Antalya erlebten wir in Mugla Hochzeiten unter freiem Himmel und genossen diese nicht nur wegen der geringeren Lautstärke mehr als die in den Sälen. Hinzu kam, dass nach der eher dörflich-kleinstädtischen Tradition hier die Hochzeit in verschiedenen Teilen durchgeführt wurde. Ein von mir sehr geschätzter Teil ist dabei das gemeinsame Hochzeitsessen, das meist an einem etwas größeren Platz im Freien gehalten wird. Aus nächster Nähe haben wir dabei z.B. bei Nachbarn unserer kleinen Siedlung die Vorbereitungen zu einem solchen Essen mitbekommen. Schon zu sehr früher Stunde kommt eine kleine Gruppe von zumeist für diesen Anlass gemieteten Köchen und ihren Helfern an den Ort des Geschehens. Hier werden dann die nötigen Utensilien ausgepackt und in der Nähe der Kochstelle ein größeres Loch für das später anfallende Spülen vor Ort ausgehoben. Danach geht es an das Vorbereiten und Zubereiten der Lebensmittel. Da türkisches Kochen meist sehr zeitaufwendig ist, muss für diese Arbeiten genügend Raum berechnet werden. Gegen Mittag ist dann für das Festmahl alles gerüstet und die ersten Gäste treffen aus Nah und Fern ein. Tische und Stühle sind in der Regel aus Plastik und werden gemietet. Als Tischdecke dienen entweder ausgebreitete Zeitungen oder abgetrennte Teile einer weißen Papierrolle. Das Essen wird von der Familie und guten Freunden aufgetragen und den platzgenommenen Gästen ein herzliches „Afiyet olsun" (Guten Appetit) gewünscht. Den kann man dann auch haben, denn in der Regel gibt es ein wirklich leckeres und gut gekochtes Menü mit anschließender kleiner Nachspeise. In Mugla bestand das Hochzeitsmenü meist aus den gleichen oder zumindest ähnlichen Speisen, die uns aber immer wieder ausgezeichnet geschmeckt haben: Pilav (eine Art gebratener Reis) und Gemüse zusammen mit dem nie fehlenden Brot. Dazu ein ganz besonderes Gericht mit frischem Hühnchenfleisch, das sehr klein geschnitten, besonders verarbeitet und mit einer speziellen Sauce vermischt wurde. Das Ganze heißt im Volksmund „Keskek" und ist über Mugla hinaus als hiesiges Hochzeitsessen bekannt. Als zweites Hauptgericht neben Keskek gibt es ein traditionelles Fleischgericht in einer pikanten, roten Sauce. Mehrmals wird man beim Essen von den umhergehenden Helfern gefragt, ob man von einzelnen Speisen noch einen Nachschlag möchte, und erst wenn der Gastgeber sicher ist, die Bedürfnisse seines Gastes ganz erfüllt zu haben, wird der Tisch abgeräumt. Das einfache Geschirr wird nun in der bereitstehenden Grube von fleißigen Helfern abgewaschen. Ein Nachtisch, bestehend aus dem traditionellen „Helva" oder einer anderen türkischen Süßspeise, rundet das Ganze ab. Manchmal wird dazu auch der traditionelle Schwarztee gereicht. Hat man dies alles genossen, sollte man nun Platz machen für die nächsten und vielleicht schon nach einem Tisch suchenden Gäste. Aber auch hier geht es orientalisch gelassen zu und eine mehr oder weniger lange Wartezeit bei einem solchen Hochzeitsessen bringt niemanden aus der Ruhe. Schließlich kann man die Unterhaltung derer, die gemeinsam auf den nächsten freien Tisch warten, auch schon als einen Bestandteil des Festes sehen. Jedenfalls war dieses Hochzeitsessen der von mir meist geliebte Teil des Festes. Einen anderen, ebenfalls traditionellen Teil kenne ich als Mann mehr aus den Erzählungen anderer, und zwar die sogenannte „Kina Gecesi". An diesem Abend oder in dieser Nacht wird der Braut neben dem auch hier obligatorischen Tanz eine Farbe aus besonderer Konsistenz auf die Handflächen gestrichen. Diese Farbe (Henna), die wohl mehr von symbolischer Bedeutung ist, wird auch bei anderen Gelegenheiten von der einheimischen Bevölkerung genutzt. Die Kina Gecesi ist den Frauen vorbehalten und die Stimmung an diesem Abend soll sehr ausgelassen sein…

Neben der Hochzeit, die traditionell in der Türkei als das größte Fest im Leben einer Frau gesehen wird, ist an Familienfesten besonders noch das sogenannte „Sünnet" (Beschneidungsfest) zu nennen. Dieses wird traditionell als der wichtigste Tag im Leben eines Mannes gesehen und meistens in noch jungen Jahren des Heranwachsenden gefeiert. Auch dieses Fest ist für die Familie mit einem erheblichen Aufwand verbunden und finanziell sehr kostspielig. Aus diesem Grund wird manchmal die Beschneidung eines vom Alter nicht zu weit entfernten Brüderpaares gemeinsam gefeiert.

Ein nicht so schöner, aber doch auch in der türkischen Kultur tief verankerter Anlass zu einer Zusammenkunft der Familie und der Freunde ist der Tod eines Angehörigen. Auch hier gibt es feste Bestandteile für das Bekanntmachen des Todesfalls, der Beerdigung und des nachfolgenden sogenannten „Mevlüts" als einer Art Gedenkfeier für den Toten.

Was mich als Ausländer zunächst bei meinen ersten Besuchen in unserer Stadt Mugla wunderte war, dass der Tod eines Einwohners der Stadt relativ zeitnah über die Lautsprecheranlage der Stadtverwaltung der gesamten Stadt bekannt gemacht wird! Mir wurde jedoch relativ schnell bewusst, warum dieses so zu geschehen hat. Und zwar erfolgt die Beerdigung eines Toten in der Türkei meistens noch am gleichen Tag seines Todes. In einem in den Sommermonaten so heißen Land hat dieses sicher in sich schon eine Begründung. Damit auch alle Verwandten und Freunde des Verstorbenen von dessen Tod und Beerdigung in Kenntnis gesetzt werden können, dient die Lautsprecheranlage der Stadt u.a. diesem Zweck. Manchmal hört man also mehrmals am Tag durch diese vom Tod eines Einwohners und man merkt auch, dass viele Passanten trotz ihrer u.U. wichtigen Geschäfte bei solchen Ansagen aufhorchen. Es könnte sich ja um einen der ihren handeln.

Die Beerdigung findet ausgehend von der Moschee nach einer der Gebetszeiten statt. Der Sarg wird dabei von Verwandten und Freunden ein Stück des Weges selbst getragen und wandert von einer Hand unterstützt zur nächsten. Hiermit drücken die Männer ihre Nähe zu der verstorbenen Person aus und bestimmen auch bei Beerdigungen das Stadtbild.

Das „Mevlüt" ist dann in festgesetzten Zeiten nach dem Todestag des Verstorbenen eine Art Gebetszeit zum Gedenken. Dabei wird ein Vorbeter bestellt, der meist in arabischer Sprache Gebete und Koranverse laut vorträgt. Die Anwesenden hören dabei mehr oder weniger zu und bekräftigen die Aussagen des Vorbeters manchmal durch ein lautes „Amen". Meine Frau und ich waren wenige Male bei einem solchen Mevlüt zugegen. Was mich etwas wunderte, war die offensichtliche Unaufmerksamkeit mancher Anwesenden bei den Gebeten, die sich aber auch lang hinzogen. So kam es vor, dass sich Leute miteinander unterhielten und andere offensichtlich mit anderen Dingen beschäftigt waren. Angesichts der für die meisten unverständlichen Sprache und den langanhaltenden Gebeten und Wiedergaben des Koran (der ja ebenfalls in Arabisch ist) mag dies jedoch verständlich sein. Und bei der Größe vieler Familienverbünde haben besonders die älteren Leute sicher viele Veranstaltungen dieser Art erlebt.

Weit freudigere Anlässe, die im Jahreskalender der Türkei fest integriert sind, bilden die staatlichen Festtage für die Kinder und die Jugendlichen. Im Gespräch mit Türken wurde ich einige Male darauf hingewiesen, dass es solche staatlichen Feiertage für die heranwachsende Bevölkerung nur hier im Land gäbe. Es bringt vielleicht auch etwas von dem zum Ausdruck, wie viel Beachtung der Staat dieser jungen Bevölkerungsgruppe schenkt. Ob diese Feste auch einen Beitrag bedeuten zum erstaunlichen Bevölkerungswachstum, verbunden mit einer hohen Anzahl von kinderreichen Familien? (und das ohne jedes Kindergeld …)?

Besonders dem sog. „Cocuk bayrami" (Kinderfest) fiebern im ganzen Land jährlich viele Kinder entgegen. In den Grundschulklassen bereitet man sich bereits viele Wochen zuvor auf das bunte Treiben vor, übt für Aufführungen, aufzusagende Gedichte und auch kleine Paraden im Stadion der Stadt. Da ja auch unsere eigene Tochter in die Vorbereitungen und die spätere Aufführung integriert war, bekamen wir mehrere Jahre das Geschehen hautnah mit. Bereits lange vor dem eigentlichen Fest, das jedes Jahr auf den 23. April terminiert ist, begann in der naheliegenden Schule die Vorbereitung. Hannas Klassenlehrer Ilker Bey war bei einigen Dingen federführend, andere Bereiche schienen zentral von der ganzen Schule getragen. Jede Schule ist natürlich darum bemüht, in besonderer

127

Weise zum Fest der Kinder beizutragen. Auf dem zu Hannas Schule nahe gelegenen Sportplatz wurden dann später manche Formationen und Tänze der Kinder geübt. Da im Frühjahr die Sonne meistens noch nicht so heiß vom Himmel brennt, konnten die Kinder manchmal für einige Stunden auf dem Sportplatz für den besonderen Tag üben. Der kam dann auch unweigerlich näher und den Kindern merkte man die besondere Erwartung auf „ihr" Fest immer mehr an. Besonders die, die Gedichte aufsagen würden oder ähnliche Einzeldarbietungen leisten, sahen dem Ereignis mit einigem Lampenfieber entgegen. Hanna erging es nicht anders. Obwohl sie kein Kind des türkischen Staates war, wurde sie in all diese Dinge gern mit hineingenommen und teilte die Aufregung der anderen Kinder in ihrer Klasse. Am eigentlichen Festtag im April traf man sich dann nochmals mit allen Kindern und Lehrern in der Schule. Die Eltern und andere interessierten Zuschauer begaben sich direkt ins Stadion. Auch hier erlebte man Festtagsstimmung, der Tag ist ja im ganzen Land ein Feiertag für die Bevölkerung. Große türkische Flaggen waren nicht nur im Stadion zu sehen, und manche Persönlichkeiten des öffentlichen Lebens, einschließlich des Gouverneurs der ganzen Provinz, nahmen auf der Tribüne an bevorzugter Stelle Platz. Wie auch bei anderen festlichen Anlässen erscholl kräftig und laut zunächst aus den Lautsprechern und den Kehlen der vielen Zuschauer die Nationalhymne des Landes. Danach folgten in schneller Abfolge die von den Kindern gelernten Gedichte, Präsentationen und Umzüge im weiten Rund des großen Stadions. Viele Beiträge bezogen sich dabei auf den Gründer der türkischen Republik, Kemal Atatürk. Dieser wurde vielfach für seinen Einsatz im Blick auf die Gründung und das Wachstum des türkischen Staates gelobt. Nach dem mehrstündigen und besonders bei bereits warmer Witterung anstrengendem Programm sah man dann die Kinder und ihre Eltern oder Großeltern noch längere Zeit in der Stadt spazieren, Süßigkeiten essen oder auch mit Luftballons in den Gassen gehen.

Der „genclik ve spor bayrami" (Fest der Jugendlichen und des Sports) wird in der Türkei in ähnlicher Weise im Juni gefeiert. Bis auf die ältere Zielgruppe der Jugendlichen und Teenager trägt das Fest ganz ähnliche Züge. Auch hier wird von langer Hand auf den Tag vorbereitet und die jungen Leute sind emsig im Auswendiglernen von Gedichten und Liedern. Im Mittelpunkt steht an diesem Tag jedoch der Sport. Im Stadion werden unter den Jugendlichen der verschiedenen Schulen Wettkämpfe ausgetragen und die begehrten Medaillen von verschiedenen Würdenträgern der Stadt und der Provinz den erfolgreichen Jugendlichen übergeben. Auch dieser Festtag ist jeweils am Stadtbild deutlich erkennbar und ergießt sich nach den obligatorischen Aufführungen im Stadion in ein weiteres buntes Treiben im Stadtzentrum.

Einen deutlich offizielleren Charakter trägt dann dem Jahresverlauf folgend das Fest „Cumhuriyet Bayrami" (Fest der Republik), welches der Gründung des türkischen Staates durch Kemal Atatürk gewidmet ist. Auch dieses Fest wird in der Türkei als ein staatlicher Feiertag begangen und ist im Land immer wieder Ende Oktober Anlass zu vielen Paraden, Aufzügen und Reden in den Städten. Auch werden jährlich Kränze zu Ehren des Staatsgründers Atatürk an seinen in jeder Stadt vorhandenen Büsten und Statuen niedergelegt. So manche Behörde oder Bank etc. ist aber inzwischen angesichts des jährlich wiederkehrenden Ereignisses dazu übergegangen, einen Kranz aus Metall oder Kunststoff einzubringen und hierdurch Kosten zu sparen. In den Medien wird ebenfalls jährlich dieses für die Türkei bedeutenden Ereignisses gedacht, ähnliche Übertragungen geschehen auch bei den zuvor genannten Festtagen der Kinder und Jugendlichen.

Nicht fehlen dürfen bei der Erwähnung der Feiern und Feste natürlich die religiösen Feiertage des Landes. Im Gegensatz zu den fest im Jahreskalender terminierten übrigen Feiertagen finden die religiösen Feiertage aufgrund der hierfür geltenden islamischen Zeitrechnung jährlich an einem anderen Tag statt. Zwei Feste nehmen dabei eine hervorragende Stellung im Jahresverlauf ein, der „Ramazan Bayrami" (das Fest nach dem Fastenmonat) und das Opferfest (der sogenannte „Kurban Bayrami"). Beide Feste sind in der Türkei fest integriert und werden von einem Großteil der Bevölkerung mit großer Anteilnahme vorbereitet und begangen. In der Folge möchte ich kurz die beiden Feste aus meiner Sicht und unseren gemachten Erfahrungen beschreiben:

Der Ramazan Bayrami, der von manchen Menschen unserer Stadt auch „Seker Bayrami" (Zuckerfest) genannt wurde, wird, wie der Name bereits verrät, nach dem im Islam jährlich stattfindenden Fastenmonat gefeiert. Das Fest bildet den Abschluss eines Monats, der sich in vielen Bereichen des Lebens deutlich von den anderen abhebt. Schon vor dem Ramadan merkten wir in unserer Stadt immer wieder, dass etwas anderes in das sonst muntere Treiben der Bevölkerung Einzug hielt. Es lag förmlich etwas in der Luft, und man hatte den Eindruck, die Menschen bereiteten sich innerlich auf die folgende Zeit vor. Noch saß man je nach Jahreszeit des Ramadan in den Straßen oder in den Cafés der Stadt beim obligatorischen Schwarztee zusammen und erzählte sich wie auch sonst die Tagesereignisse oder Neuigkeiten aus der Familie oder des Sports. Jedoch wusste man, dass bereits bald der Tee beim Gespräch fehlen würde und auch sonst das gesellschaftliche Leben etwas kürzer ausfallen würde. Nicht von allen freudig erwartet, rückte dann der erste Fastentag näher und hielt letztlich mit einem lauten Kanonenschuss über unserer Stadt Einzug. Ja, diese Kanone hat uns in unserer türkischen Stadt Mugla Jahr um Jahr im Ramadan begleitet. Kannten wir von unserer Zeit in Antalya her ja die in den Straßen am frühen Morgen umherlaufenden Trommler, so wurden wir hier in Mugla mit dem städtischen Kanonenschuss vertraut gemacht… Dieser findet während des Fastenmonats seine Berechtigung im Hinweis auf die Zeit am Morgen, in der nicht mehr gegessen und getrunken werden darf, sowie am Abend auf die Minute zu der Zeit, in der die Bevölkerung nach der islamischen Überlieferung beides wieder darf. Zu beiden Zeiten wird in unserer Stadt von einer am Fuße des sogenannten Tischberges positionierten Kanone zwar nicht scharf, aber dennoch ohrenbetäubend laut geschossen. Für jemanden, der noch nicht in diese immer wiederkehrende Prozedur eingeweiht ist, mag es ein sich für lange Zeit einprägsames Ereignis sein, wenn man höchst unvermittelt in einer relativ modernen türkischen Stadt einen nahen und lauten Kanonenschuss hört und sich vielleicht in Erwartung des nun folgenden unweigerlichen Einschlags duckt oder gar auf die Erde wirft. Wie wird ein Unwissender verwundert sein, wenn er sich langsam von diesem großen Schrecken erholt und nun feststellen muss, dass er als Einziger zusammengeschrocken ist ... All das konnte uns selbst nicht betreffen; spätestens nach dem ersten Jahr hatten wir uns an diese für uns zunächst ungewöhnliche Prozedur in Mugla gewöhnt. Wie auch die Einheimischen hörten wir zwar weiterhin den Schuss vom Berg, ließen uns aber ebenso wenig von den Forderungen des Tages abhalten. Hinzu kam, dass unser eigenes Haus in der Siedlung doch ziemlich weit vom Ort des Geschehens entfernt liegt und wir demzufolge die täglichen zwei Kanonenschüsse nur recht gedämpft mitbekamen. Ganz anders erging es unseren deutschen Freunden in der Stadt. Sie bewohnen ein Haus in unmittelbarer Nähe des Tischberges nahe dem Zentrum der Stadt. Dort hört man wohl nach ihren Erzählungen den Kanonenschuss, ob früh am Morgen oder später mit Einbruch der Dunkelheit, sehr deutlich und bis heute würden sie noch manches Mal zusammenschrecken, sagen sie.

Zwischen den beiden Schüssen sind die Muslime gehalten, nicht zu essen und zu trinken, auch sollte man sich des Geschlechtsverkehrs in dieser Zeitspanne enthalten. Das Leben in der Stadt wird spürbar langsamer und sicher auch der Arbeitseifer der Handwerker oder derer in den Betrieben etwas gebremst. Die Männer sitzen in den Straßen der Stadt oder in den vielen Teehäusern zwar immer noch häufig zusammen, vermissen jedoch (besonders wenn der Ramadan in den Winter fällt) sicher den gewohnten Tee in ihrer Hand. Auch das gewohnte gemeinsame Essen in der Mittagspause fällt für viele aus. Nicht alle Einwohner in Mugla beteiligen sich am Fasten und anders als in vielen anderen Städten der Türkei sieht man hier und da auch in der Öffentlichkeit Männer und Frauen trotz des Fastenmonats essen und trinken. Mindestens in einem Esslokal unserer Stadt ist mir aber aufgefallen, dass mit Beginn des Ramadan die nach außen hin offenen Fenster des kleinen Restaurants mit einem Sichtschutz versehen waren. Wahrscheinlich sollten die Vorübergehenden nicht durch die Essenden abgelenkt werden oder vielleicht auch die Innensitzenden nicht erkannt werden.

Wir selbst haben zwar nicht am Fastenmonat teilgenommen, versuchten aber eigentlich immer von uns aus, die Fastenden durch unser eigenes Essen oder Trinken nicht vor den Kopf zu stoßen. Dass dieses im Land nicht immer gelingt, erzählte einmal ein anderer Ausländer, der sich zu dieser Zeit in der Türkei aufhielt: John (so nennen wir ihn hier mal) hatte völlig vergessen, dass gerade der Fastenmonat stattfand. Er bestieg wie gewohnt den öffentlichen Bus und kaufte sich noch zuvor an der Straßenecke eine von diesen wohlriechenden und auch gut schmeckenden heißen Kartoffeln mit der pikanten Füllung. So betrat er den Wagen, entrichtete den Fahrpreis und stellte sich angesichts der schon besetzten Sitzplätze des gut gefüllten Busses im hinteren Teil neben die noch freien Handschlaufen. Mit der freien Hand führte er genussvoll die noch heiße Kartoffel zum Mund. Nachdem er dies einige Male wiederholt hatte und der Duft der Kartoffel ihm immer noch Lust auf mehr machte, fiel ihm zum ersten Mal auf, dass einige der anderen Mitfahrer im Bus ihn öfter, als er es sonst als Ausländer gewohnt war, offen ansahen. Nach einiger Zeit und weiteren Happen von seiner Kartoffel mehrten sich die unverhohlenen Blicke der Einheimischen um ihn herum. John wurde langsam unruhig und auch etwas ungehalten. Offensichtlich, so merkte John nun, bezogen sich die Blicke der anderen auf die restliche Portion Kartoffel. „Sollen sie sich doch selbst eine kaufen", ärgerte sich John nun langsam und fühlte seinerseits eine Ablehnung gegenüber den anderen im Bus aufkommen. Bevor der Ärger in ihm zu groß wurde, erreichte er jedoch sein Fahrziel und war nur froh, diesen merkwürdigen Bus und die sich so ungewöhnlich verhaltenden Mitfahrer zu verlassen. Zu Hause angekommen, erzählte er bald seiner Frau von dieser merkwürdigen Fahrt und den Blicken der anderen im Bus. Seine Frau, die wohl mehr als John an diesem Tag im türkischen Kalender verankert war, bemerkte recht bald den kulturellen Patzer ihres Mannes, wies ihn auf die derzeitige Fastenzeit hin und die Auswirkung, die eine so wohlriechende Mahlzeit vor den Augen der Mitreisenden wohl haben könne. Wie es John wohl in diesem Moment zumute war ...?

„Das Lamm ist da ...“

Ich hatte es wirklich lieb gewonnen. Fast jeden Tag begegnete es mir auf dem Weg zur oder von der Arbeit. Entweder graste es im Garten vor dem kleinen Reihenhaus unserer Siedlung oder wurde in das Spiel der munter umherlaufenden Kinder einbezogen. Obwohl es mir in den letzten Wochen wirklich ans Herz gewachsen war, mochte ich dennoch nicht zu viel in unsere Beziehung investieren. Hin und wieder stieg ich vom Rad, um dem noch kleinen Geschöpf den zarten Kopf zu streicheln und dafür ein wie ich fand wohliges, kleines Blöken zu ernten. Ja, das Lamm um die Ecke war wirklich zu niedlich und hatte es mir angetan. Und doch wollte ich es nicht zu sehr ins Herz schließen. Ich wusste um das Ende der Geschichte, hatte es in den letzten Jahren nur zu häufig miterleben müssen und wollte an dieser Stelle nicht in das investieren, was nur wenig später nicht mehr da war. Die Tage bis zum „Kurban Bayrami“ waren gezählt und schon bereiteten sich unsere Nachbarn und eigentlich, wie mir schien, die ganze Stadt auf das für sie große Fest vor. Für uns war es kein Fest. Vielmehr harrten wir mit sehr gemischten Gefühlen auf das, was unweigerlich in wenigen Tagen erneut auf uns zukommen musste. Der Tag rückte unerbittlich näher und bei unseren Nachbarn kündigte eine wachsende Erregung von dem bald beginnenden muslimischen Opferfest. Es wurde nochmals Hand angelegt, um das Haus noch schöner erscheinen zu lassen und wohl vorbereitet für die vielen zu erwartenden Gäste der nächsten Tage. Die Kinder waren bereits neu eingekleidet und erwarteten schon jetzt stolz den ersten Tag des Festes, an dem sie den nächsten Verwandten in neuen Hosen, Röcken, Jacken und Pullovern begegnen konnten. Es lag etwas von Freude und Erwartung in der Luft, der vorerst letzte Arbeitstag der nun ebenfalls gespannten Männer vor dem Fest wurde hinter sich gebracht. Es kam, wie es kommen musste. Jedes Jahr hatten wir es erlebt, und doch schauderte es uns wieder neu. Wie jeden Morgen rief der Muezzin noch in der Dunkelheit des anbrechenden Tages zum Gebet. Doch heute folgten ihm weitaus mehr Menschen als sonst, die Straßen füllten sich schnell mit mehr oder weniger eilig die Moschee anstrebenden Bewohnern der Stadt. Schon bald nach deren Rückkehr (wir hatten als Familie gerade gefrühstückt) begann der Teil des Festes, der für uns so fremd und hart ist. An den ersten lauten Rufen unserer Nachbarn, vermischt mit zunächst blökenden, dann irgendwie unheimlich gurgelnden Tierlauten, erkannten wir, dass es nun für viele Ziegen, Schafe und manchmal auch größere Tiere der Nachbarschaft ernst geworden war. Erst am frühen Nachmittag ebbte das bis dahin von Menschen- und Tierstimmen begleitete Schlachten und Häuten in der Nachbarschaft langsam ab. Doch dies war für uns nicht der letzte Teil eines für unsere Begriffe eher schaurigen Tages. Unsere Nachbarn meinten es gut mit uns, wollten ihre Festfreude mit uns teilen. Es kam, wie es kommen musste. Lautes Klopfen an der Tür und türkische Stimmen zeugten bereits davon, dass ich recht getan hatte, nicht zu viel Zuneigung zu dem in den letzten Wochen herangewachsenen Lamm unserer Nachbarn zu entwickeln. Renate war es an solchen Tagen meist, die die Tür für unsere Nachbarn öffnete. Mit offensichtlicher Festfreude und manchmal einladendem Lächeln brachten sie uns von dem, was sie erst vor wenigen Stunden im Vorgarten geschlachtet und anschließend gehäutet hatten. „Hans-Jürgen, das Lamm ist da!", war für Renate, die sich an einem guten Fleischgericht noch mehr als ich erfreuen konnte und kann, eine Einladung zu einem guten Essen, für mich jedoch Grund zu innerer Einkehr und Ablenkungsversuchen durch den weiteren Tag hindurch …

Der „Kurban Bayrami" (das Operfest) hat verglichen mit dem zuvor beschriebenen „Ramazan Bayrami" einen sehr anderen Charakter. Obwohl es sich bei beiden um religiöse Feste handelt, hebt der Kurban Bayrami sich vom anderen Fest ab und wird auch in der Türkei mit einem zusätzlichen freien Tag für die Bevölkerung höher gewertet. Meine erste wirkliche Begegnung mit diesem islamischen Fest war eher merkwürdig.

Bei einem meiner ersten Aufenthalte besuchte ich einen türkischen Freund und seine Familie in der Metropole Istanbul. Hier übernachtete ich auch und bereits kurz nach meiner Ankunft am nächsten Morgen bot sich meinen Augen ein für mich damals noch unbekanntes Bild: Als ich aus dem Fenster der Wohnung auf den mir gegenüberliegenden freien Platz sah, vernahm ich dort einzelne Gruppen von Menschen, die um verschiedene Tiere herumstanden. Dass sie im Begriff waren, diese an diesem noch frühen Vormittag und vor aller Augen zu schlachten, verstand ich erst später, und mein Freund erklärte mir etwas die Tradition dieses Vorgehens. Zu einer anderen Stunde fuhr ich dann mit einem der vielen Busse durch Istanbul und hier sah ich dann mit erneuter Verwunderung ganze Viehherden durch die damals schon eher moderne Stadt ziehen. Auch dieses hatte unmittelbar mit dem Fest zu tun, realisierte ich später. In einer Stadt, in der mehrere Millionen Menschen wohnen, braucht es eben auch sehr viele Tiere für dieses traditionelle Opferfest im Islam. Inzwischen haben sich auch hier über die Jahre einige Praktiken geändert (z.B. geht man dazu über, das Schlachten der Tiere nur an bestimmten Plätzen in der Stadt zu erlauben), aber damals waren dies doch für einen Außenstehenden eher merkwürdige Bilder. In den nachfolgenden Jahren haben wir dann sowohl in Antalya wie auch in Mugla immer mehr über den Kurban Bayrami erfahren, wobei die Aussagen der Einheimischen nicht immer identisch waren. So berichteten Einzelne von einem Fest, an dem man das Fleisch des geschlachteten Tieres mit ärmeren Menschen teilt und so den Mitmenschen hilft. Andere erinnerten an den Stammvater Abraham (Ibrahim), der seinen Sohn als Opfergabe geben sollte und dann aber doch einen Widder schlachtete. Letzteres ist jedoch der zentrale Anlass für dieses Fest – die Erinnerung an Abrahams bedingungslosen Glauben und seine Bereitschaft, auf Gottes Geheiß sogar seinen einzigen Sohn zu opfern. Und in diesem Gedenken wird beim Opferfest das geschlachtete Fleisch auch an die Armen verteilt. Für uns selbst hegten wir eher Mitleid mit den vor den Festtagen noch in den Straßen und Gärten unserer

Stadt angebundenen Ziegen, Schafen und anderen z.T. auch größeren Tieren (manchmal tun sich mehrere Familien zusammen und schlachten z.B. eine Kuh). Auch versuchten wir Hanna, besonders in ihren jüngeren Jahren, vom eigentlichen Opfergeschehen fernzuhalten – hatte sie doch hier und da eine kleine Beziehung zu den angebundenen Tieren in der Nachbarschaft gewonnen. Zwar ist die zu Beginn beschriebene Begebenheit mit einem Lamm so nicht geschehen, das Fleisch von geschlachteten Ziegen (die ja als kleine Tiere manchmal nicht viel weniger niedlich sind ...) ist jedoch öfter über unsere Türschwelle getragen worden. Sicher sind wir in den Augen unserer Nachbarn keine arme Familie, mit der man solches Fleisch zum Verzehr teilen sollte. Anscheinend teilt man aber auch gern mit Fremden wie uns, die ihr Dasein weitab der eigenen Heimat fristen.

Weniger, als es bei uns der Fall ist, werden Geburtstage im Land gefeiert. Diese scheinen in der Bevölkerung einen weit geringeren Stellenwert zu haben. Dies kann man vielleicht auch schon daran erkennen, dass manche (gerade auch ältere Menschen) ihren genauen Geburtstag gar nicht kennen. In vielen türkischen Ausweispapieren steht immer noch der 1. Januar als Geburtstag – oft einfach deshalb, weil der richtige Geburtstag nicht bekannt ist und man von Amts wegen schlicht ein Datum einsetzt. Auch bei der Namensgebung tut man sich mancherorts in der Türkei sehr leicht. Man wählt Namen, die mehr oder weniger einen Zusammenhang haben mit den jeweiligen Tagesereignissen oder der Situation der Familie. Häufig findet man zum Beispiel den Namen Bayram (Fest) bei Menschen. Auch der Name Yagmur (Regen) ist zu finden oder etwa Ramazan (Ramadan). Manchmal trifft man auch auf Namen, bei denen man sich wirklich nach dem Hintergrund der Namensgebung fragt. So traf ich z.B. einmal auf der Polizeistation auf einen Beamten mit Namen „Satilmis" (es ist verkauft worden). Man ist da versucht zu fragen, was oder wer wohl damals zur Zeit der Geburt verkauft worden ist ... Auf dem Land trafen wir einmal eine Frau deren Namen „Yeter Teyze" war (Tante Genug). Hier erfuhren wir auch den Hintergrund des Namens: Dem Vater des Kindes waren zuvor schon einige Mädchen geboren worden. Wie wohl die meisten türkischen Männer in seiner Situation wünschte er sich nun aber auch einen Sohn als „Stammhalter". Als dann der Zeitpunkt einer erneuten Geburt herangerückt war und man ihm die Nachricht von einer weiteren Tochter brachte, muss er wohl ausgerufen haben: „Yeter!" (Genug). Und dementsprechend hatte man also den Namen des neugeborenen Mädchens gefunden. Wie gut nur, dass er nicht einen schlimmeren Ausdruck für seine Enttäuschung gefunden hat...

Von Pferderennen und einer großen Schande auf dem Tennisplatz – Sport und Wettkampf in der Türkei

Gerade hatte ich mein kleines Teeglas an meine Lippen geführt, als es geschah. Wäre der Tee nicht so heiß gewesen und ich nicht so geistesgegenwärtig, hätte das Nationalgetränk sich wohl auf dem Boden oder gar an der Wand wiedergefunden. Auch Renate stockte der Atem. Gut, dass sie noch nicht zum Glas gegriffen hatte. Unzweifelhaft war es ein Schuss. Wir hatten uns gerade erst wortlos und tief erschreckt angeschaut, als der zweite Schuss fiel. Kurz danach hörte man einen ähnlich durchdringenden Laut, allerdings aus einer etwas größeren Entfernung. Fast eine Salve von Schüssen erfolgte auf der anderen Straßenseite. Weiterhin schauten Renate und ich uns stumm, jetzt auch verängstigt an. Ich hatte in den letzten Tagen keine offene Feindschaft unter den Nachbarn bemerkt. Hier und da gibt es mal ein Wortgefecht zwischen einzelnen Parteien. Aber deswegen zur Waffe greifen? Oder hatte es ohne unser Bemerken etwa wieder einen politischen Umsturz im Land gegeben? Politik ist in der Türkei etwas, das die Wogen schnell höherschlagen lassen kann. Ein Bandenkrieg? Eine Revolte gegen den Staat? Wie viel kann einem Menschen in wenigen Sekunden vor den Augen stehen. Es schien mir wie eine halbe Ewigkeit, aber letztlich stellte ich mein Glas ab und näherte mich gebückt dem Fenster. Renate hatte inzwischen geistesgegenwärtig das Licht gelöscht. Weiterhin durch die Wand zwischen den Fenstern Deckung suchend, wagte ich einen Blick nach draußen. Ich sah Menschen unterschiedlichen Alters auf der Straße, die ausgelassen und froh große und kleine Fahnen schwangen und miteinander Sprechchöre und Lieder sangen. Auf einzelnen Balkons der gegenüberliegenden Straßenseite konnte ich kleinere Menschengruppen und Familien ausmachen. Sie trugen die gleichen Fahnen, sangen die gleichen Chöre. Also doch ein politischer Umsturz. Immer noch hörte man vereinzelt auch Pistolenschüsse. Jedoch schien dies auf der Straße niemanden zu beängstigen, es ging auch keiner in Deckung. Nun passierte einer der vermeintlichen Revolutionäre mit einer größeren Fahne direkt vor unserem Haus die Straße. Ich war in der Lage die Schrift auf seiner Flagge zu erkennen. „Besiktas Spor" las ich dort in großen Lettern. Eine Mischung von Erleichterung, aber auch ungläubiger Verwunderung machte sich in mir breit. „Sie feiern", sagte ich langsam und, gemessen an der vorherigen Aufregung, viel zu ruhig. „Ich glaub es nicht – sie feiern!" Ich hatte heute im Bakkal mitbekommen, dass zwei Traditionsvereine Istanbuls miteinander um die Meisterschaft spielen würden. Bei einem nun ruhigeren Glas Schwarztee versuchte ich Renate zu erklären, dass Männer (und manchmal auch Frauen) sich über den Sport auch in Asien sehr ereifern können. Nur etwas anders eben …

Obwohl ich selbst von meiner Ausbildung her Lehrer für Sport und Biologie bin, habe ich eigentlich erst gegen Ende unserer Zeit in der Türkei die Möglichkeit richtig genutzt, durch den Sport mehr in das soziale Netzwerk unserer Stadt hineinzufinden. Zu lange war ich wohl berufsfremd im großen Bereich des Tourismus und der auch behördlichen Aufbauarbeit unseres Betriebes beschäftigt, um hier mit größerem Einsatz dabei zu sein. In meinen jüngeren Jahren hatte ich zuvor Hand- und später Fußball im Verein gespielt und Eishockey in der Schulmannschaft. Der Sport ist etwas, was besonders in der Männerwelt viele Herzen höherschlagen lässt. Gerade der Fußball hat es vielen Türken angetan und es gibt wohl kaum einen Einheimischen, der nicht „seinen" ganz besonderen Verein hat und dessen Spiele mit hoher Aufmerksamkeit verfolgt. Dabei gibt es in der Stadt und auch auf dem Land jede Menge Fan-Artikel zu kaufen. Bewegt man sich in der Öffentlichkeit, wird man manchmal Zeuge von hitzigen Diskussionen über den bestgespielten Fußball, und besonders die drei berühmten Vereine Istanbuls haben es den Interessierten weithin angetan. Entweder man ist „Besiktasli" oder „Fenerbahceli" oder gehört zum großen Fanclub des renommierten Vereins „Galatasaray" Istanbul. Andere als diese drei Vereine werden seltener genannt; in den letzten Jahren gewann besonders der Verein vom Schwarzen Meer, „Trabzonspor", an Ansehen unter der Bevölkerung. Dass in den letzten Jahrzehnten des Öfteren auch Trainer und Spieler aus Deutschland das türkische Fußballgeschehen entscheidend mitgeprägt haben, ist in der Türkei bekannt, und auch dieses Element bildet eine weitere Brücke zwischen den Kulturen. Wie sehr das türkische Volk inzwischen bei den Länderspielen der eigenen Mannschaft mitfiebert, ist uns aus dem Fernsehen, den Reportagen und nun auch direkten Aufeinandertreffen mit der deutschen Nationalmannschaft bekannt. Die eine oder andere Europa- und Weltmeisterschaft im Fußball haben wir in den letzten Jahren in der Türkei erlebt. Bei den Spielen zwischen Deutschland und der Türkei gab es dann in unserem gemischten Freundeskreis durchaus geteilte Emotionen. Da mussten wir uns zuweilen etwas zurückhalten, wenn dann doch das eine oder andere Land als knapper Sieger den Platz verließ. Wie groß unsere Verbundenheit mit der Türkei inzwischen geworden war, zeigte mir, dass ich bei bedeutenden Spielen inzwischen sogar hier und da mit meinen türkischen Freunden mitfieberte. Das wurde dann wohl auch positiv von ihnen aufgenommen…

Wie sehr die Emotionen bei solchen sportlichen Ereignissen mitspielen, zeigten uns die spontanen großen Auto-Konvois, die nach Erfolgen der eigenen Mannschaft besonders in den Städten gehalten werden. So mancher sonst eher ruhige Türke und sogar Familienväter steigen dann ins Auto, um durch lautes Hupen und Umherfahren der Stadt und seinem Lieblingsverein oder eben der türkischen Nationalmannschaft seinen Beifall zu zeigen. Dieser Brauch, der, wie ich merke, inzwischen auch hier in Deutschland Einzug gehalten hat, scheint in der Türkei bereits sehr alt zu sein, so wie manche der immer noch herumfahrenden Autos…

Aber natürlich gibt es in der Türkei noch viel mehr Sportarten als den Fußball. Interessant war es für uns, einigen der wirklich alten und einheimischen Sportveranstaltungen beizuwohnen. Zu nennen wäre hier wohl zunächst das sogenannte „Yagli Güres" (wörtl.: fettiges Ringen). Bei dieser Zweikampfsportart schmieren sich die beiden Kämpfer zunächst mit einem speziellen Öl am ganzen Körper ein. Danach gehen sie innerhalb eines abgegrenzten Feldes aufeinander zu und versuchen, jeweils den anderen mit möglichst viel Geschick auf den Boden zu zwingen. Beide Ringer sind dabei meist mit erheblichem Körpergewicht versehen und so wird das Sportereignis zu einem Fest für die ganze Familie. Das Ganze hat oft mehr Volksfestcharakter und ist in einigen Landstrichen der Türkei sehr beliebt. Auch bei uns in Mugla gab es immer wieder solche Kämpfe, und Poster in der Stadt kündigten bereits Wochen zuvor mit bunten Bildern das bevorstehende Ereignis an.

In unserer späteren Zeit in Mugla fand ich dann Gelegenheit, selbst in die Welt des türkischen Sports einzutauchen…

Das erste größere Erlebnis in dieser Richtung war ein Radrennen in unserer Stadt. Es fand im Spätsommer statt und wir hatten den größten Teil des Sommers auf unserem Grundstück im Dorf verbracht. Das brachte neben einiger praktischer Arbeit auch mit sich, dass ich am Morgen jeweils einige Kilometer zum Büro mit meinem türkischen Mountainbike zurücklegte. Auf dem Hinweg gab es dabei einige kleine Steigungen zu überwinden und so war dies zugleich ein Ausdauer- und Krafttraining. Ich liebte es, mich trotz der am Morgen schon ziemlich warmen Sonne etwas herauszufordern, und zog mich nach meiner Ankunft im Büro um. Der Rückweg war dann wesentlich einfacher und nach der Arbeit wartete auf dem Dorf ein kühles Bad im kleinen Grundwasser-Pool. So war ich also gegen Ende des Sommers von meiner körperlichen Leistungsfähigkeit trotz der nun schon um die 45 Lebensjahre recht fit und las schließlich die Ausschreibung über das Radrennen in unserer Stadt. Mir die Startzeit merkend, fasste ich innerlich den Entschluss, an diesem Tag mit meinem Mountainbike dabei sein zu wollen. Die Tage zuvor übte ich weiterhin auf meinem morgendlichen Büroweg. Schließlich war der Tag des Rennens gekommen und ich begab mich zum Start des Ganzen. Wie auch sonst gab es hier nicht viele Formalitäten. Ich bemerkte einige andere Radfahrer, die sehr viel professioneller als ich an den Start gingen und mit Handschuhen und Helm gut bekleidet schienen. Ich hatte beides nicht und auch war das breite und grobe Profil meiner Bike-Räder nicht gerade für Bestzeiten geeignet. Trotzdem wollte ich teilnehmen und sprach vor dem Start noch mit dem einen oder anderen Sportler. Der Streckenverlauf, der mir nicht bekannt und eher notdürftig abgesperrt war, führte uns nach dem Start zunächst auf die Hauptstraße der Stadt, einige Zuschauer säumten die Strecke. Ich bewegte mich bislang im vorderen Teil der Gruppe von Radfahrern und fragte mich, ob und wie lange ich wohl hier mithalten könne. Nun bogen wir von der Hauptstraße links auf eine kleinere Straße ab, wir bewegten uns weiter als kleinere Gruppe im vorderen Feld. Ein Polizeiauto fuhr uns voraus und stellte klar, dass wir keinen unliebsamen Hindernissen begegnen würden. Nachdem wir nochmals links auf eine nun wieder breitere Straße abgebogen waren, versuchte ich einen Ausreißversuch – eigentlich zu früh für den Verlauf des Rennens. Die Gruppe ließ mich aber ziehen und so fuhr ich nun vor den anderen an der Spitze der mich verfolgenden Radfahrer. Ich konnte diese Position – für mich eher etwas überraschend – lange verteidigen und bog nun an einer großen Kreuzung unserer Stadt wieder auf die Hauptstraße ab. Dies tat ich vorschriftsmäßig-„deutsch" auf der rechten Fahrbahnseite und passierte den Kreisverkehr wie im sonstigen Straßenverkehr. Nun sah ich aber hinter mir einen jungen Radfahrer, der sich ebenfalls von der Gruppe gelöst hatte. Er zog deutlich an, passierte aber den Kreisverkehr die Kurve schneidend auf der linken Seite. Es war nicht mehr weit zum Ziel, doch ich merkte, dass ich keine Reserven mehr hatte. Ich konnte nicht mehr zulegen, während der junge Fahrer hinter mir schnell näher kam. Die Zielgerade direkt vor dem Haus des unsere Provinz leitenden Gouverneurs lag nun sehr nahe und ich konzentrierte mich auf die letzten Meter. Ich wusste meinen jungen Konkurrenten kurz hinter mir und am Ziel lagen wir dann fast Kopf an Kopf. Die Schiedsrichter entschieden dann jedoch zu meinen Gunsten und nach einer Zeit der Erholung durfte ich dann das Siegerband mit einer goldfarbenen Medaille in Empfang nehmen. Als Preis gab es noch eine Uhr, die aber eindeutig auf eine eher jüngere Person ausgerichtet war. Man hätte wohl nicht gedacht, dass ein solcher Oldtimer als Erster durchs Ziel gehen würde. Eine Dame fragte mich auch dann nahe der Zielgeraden nach meinem Alter – etwas, was ich bei einer Frau in der Türkei sonst noch nie erlebt hatte. Da wir Freunde aus Österreich in dieser Zeit zu Gast hatten, gab es eine weitere kleine Gelegenheit zu feiern und wir freuten uns an diesem schönen Tag im Spätsommer …

Eine weitere Begegnung mit sportlichen Wettkämpfen gab es dann im Bereich des Tennis. Bis heute wird in unserer Stadt davon gesprochen. Und das kam so:

Während meines Sportstudiums in Köln hatte ich einige Kurse im Tennis belegt, zuvor jedoch kaum einmal unter Anleitung gespielt. Ich wählte dann Tennis als einen meiner beiden kleinen Schwerpunkte und spielte fortan manchmal in den frühen Morgenstunden mit einem Mitstudenten in den Anlagen an der Sporthochschule. Später aber, nach Abschluss des Studiums, nahm ich kaum noch den Schläger zur Hand und so verkümmerten meine Kenntnisse über die Jahre. Bei einem meiner späteren Aufenthalte in Deutschland sah ich dann bei einem bekannten Discounter einen Tennisschläger, der – obwohl ohnehin schon recht preiswert – noch einmal um die Hälfte reduziert war. Kurzerhand ergriff ich diese Gelegenheit und nahm den so erworbenen Schläger mit in die Türkei. Hier angekommen, schaute ich mich dann einmal neben dem Stadion der Stadt um und entdeckte tatsächlich einen recht einsamen und nicht besonders attraktiven Tennisplatz in der Ecke neben dem Basketballfeld. Ein noch recht junger Mann war hier beschäftigt, einigen Kindern Grundbegriffe des Tennis beizubringen. Ich näherte mich dem Platz und stellte mich dem potenziellen Trainer kurz vor. Der machte auf mich sofort einen recht sympathischen Eindruck und nach wenigen Minuten gab ich zu verstehen, dass ich mir ebenfalls vorstellen könne, Tennis zu spielen. Seyhan, so sein Name, fragte nach meinen Kenntnissen und ich äußerte mich aufgrund meiner langen Abstinenz vom weißen Sport eher verhalten. Seyhan fragte mich, ob ich ein Match spielen könne, und ich verneinte. Wir verabredeten einen Probetermin und ich kam mit meinem Discounter-Schläger und einfachen Turnschuhen zum vereinbarten Zeitpunkt. Nach einigen Grundschlägen und weiterem Hin und Her zwischen Trainer und mir auf dem eher einfachen Platz meinte Seyhan, dass es ja doch schon ganz gut ginge und dass er versuchen wollte, mich in eine bestehende Gruppe zu integrieren. Es bedurfte dann aber doch noch einigen Zuredens von seiner Seite, bis ich zustimmte. Dies habe ich dann jedoch nie bereut. Das anfänglich zögerliche Freizeitvergnügen entwickelte sich im Lauf der nächsten Monate zu einem gelungenen Comeback für mich und einem Hineinfinden in ganz neue Bereiche der türkischen Gesellschaft…

Meine erste Gruppe bestand aus einem jungen Drogeristen und einem ebenfalls jungen Architekten-Ehepaar unserer Stadt. Sie nahmen mich gleich, obwohl ihnen unbekannt und Ausländer, in ihrer Mitte auf und wir verstanden uns auf Anhieb glänzend. Bedingt durch die noch hohen Temperaturen im Sommer trafen wir uns jeweils später am Abend auf der Tennisanlage und spielten unter Anleitung von Seyhan an den Grundlinien oder auch mal am Netz. Ein kleines Doppel beendete meist unsere Einheit und verschwitzt, aber froh, zogen wir nach Hause. Ich lernte in diesen abendlichen Trainingseinheiten zwar nichts wesentlich Neues, konnte aber in meinen Grundschlägen und im Spiel wieder mehr an Sicherheit gewinnen. Nach einigen Einheiten lernten wir uns als Gruppe dann auch privat etwas besser kennen und Renate und ich luden diese neuen Freunde zu uns nach Hause ein. Nach diesem für mich gelungenen Einstieg hieß es dann gegen Ende des

Sommers, dass ein Tennis-Turnier in Mugla veranstaltet würde. Seyhan lud mich ein, dabei zu sein. Da ich noch nie an einem solchen Turnier teilgenommen hatte, war ich eher verhalten und wusste nicht recht, was mir da wohl begegnen würde. Gespielt werden sollte in der Vorrunde an bestimmten Tagen, die Endrunde sollte am Festtag der Jugend und des Sports ausgetragen werden. Innerlich bereitete ich mich darauf vor, nutzte auch die Wand hinter unserem Tennisplatz in der Stadt zum gelegentlichen Training. Bei einem dieser eigenständigen Übungsstunden stellte ich meine zuvor einhändige Rückhand auf die beidhändige um, was mir in der Folge hier und da zugute kam.

Und dann näherte sich mein erstes angesetztes Match. Ich begab mich zu den Tennisplätzen der Universität in Mugla. Zwei Plätze waren hier direkt nebeneinander und durch einen hohen Zaun voneinander getrennt. Ein anderes Spiel war bereits im Gange und bald sollte ich dann auf meinen ersten Gegner treffen.

Nach Abschluss der vorigen Paarung stellte Seyhan, unser engagierter Trainer, mich meinem Gegner vor. Eher klein, aber von sportlich-drahtiger Figur machte dieser einen recht sympathischen Eindruck. Nach einem ersten Händeschütteln und einigen Grundschlägen zum Warmmachen und als Vorbereitung auf das bald beginnende Match kamen wir zur Auslosung der Spielhälften und des Aufschlagrechts. Schon bald nach Beginn des Spiels merkte ich etwas erleichtert, dass ich bei dieser für mich ersten Begegnung zumindest mit meinem Gegenspieler mithalten könnte. Da ich zwar zuvor über einige Jahre gespielt, aber so gut wie keine richtige Matcherfahrung hatte, war ich vor dem Spiel noch recht unsicher gewesen. So gewann ich an Sicherheit und konnte das erste Spiel für mich entscheiden. Zuvor war uns gesagt worden, dass wir bei diesem Turnier jeweils nur einen Gewinnsatz bis sieben Punkte spielen würden. Als ich auch das zweite Spiel für mich entscheiden konnte und es somit 2:0 stand, freute ich mich, wollte aber weiter konzentriert bei der Sache sein, um nicht mit Leichtsinnigkeiten eine Wende im Spielverlauf zu verursachen. Auch mein Gegner schien an einer solchen Wende interessiert und mühte sich, das nächste Spiel für sich zu entscheiden. Doch auch der nächste Punkt ging trotz einiger Ballverluste auf meiner Seite an mich. Die Serie setzte sich fort, an einigen Stellen hätte ich durchaus auch Spiele verlieren können, konnte jedoch letztlich das Match mit 7:0 Spielen für mich entscheiden. Wahrscheinlich war ich selbst über diesen deutlichen Erfolg mit am meisten überrascht. Unser Trainer und mein Gegner am Netz gratulierten zu diesem Sieg. Noch am gleichen Abend hörte ich jedoch erste zaghaft kritische Worte aus den Mündern einiger Sportkameraden. Zumindest einen Punkt hätte ich doch wohl meinem Gegner lassen können. Ein anderer formulierte dies dann konkreter: Wie kann man denn nur den „vali yardimcisi" mit 7:0 schlagen …! Erst da ging mir langsam ein Licht auf, wen ich denn an diesem Abend in meinem ersten richtigen Tennis-Match geschlagen hatte … Ich erkundigte mich noch auf dem Platz nach der näheren Identität meines Gegners und wirklich: Dieser war tatsächlich einer der Assistenten des hiesigen Gouverneurs unserer Provinz, vom Rang also in etwa der Vertreter eines Ministerpräsidenten. „Hapi yuttum" (übersetzt etwa: „Ich habe die bittere Pille geschluckt") würde man anlässlich eines solchen Vorgangs in der Türkei sagen. Wie bitter diese Pille werden würde, konnte ich zu diesem Zeitpunkt noch nicht absehen. Sein Gesicht zu verlieren ist in der Türkei überhaupt nicht angesagt, das zumindest wusste ich aus meinen bisherigen Erfahrungen im Land. Ob und wie weit sich dies auch auf den Bereich des Sports übertragen lässt, wusste ich aber nicht zu sagen. In anderen Lebensbereichen war der Fall klar, da steht die Ehre des Einzelnen oder der Familie über den meisten anderen Dingen und wird fast wie der Augapfel gehütet. Und sah ich auf die türkischen Fußballstadien, so hatte ich auch hier den durchaus berechtigten und augenscheinlichen Eindruck, dass die Ehre des Stadt- oder Lieblingsvereins bei vielen Anhängern sehr hoch im Kurs stand. Ob dies sich im „weißen Sport" und unter den höhergestellten Bürgern der Türkei wohl ähnlich verhält, war die Frage. Was hatte ich zu erwarten?

Die nächsten Treffen mit meinen über die letzten Monate mir immer vertrauter gewordenen Sportlerfreunden waren nicht gerade dazu geeignet, meine zu Beginn noch eher kleinen Befürchtungen zu schmälern. Erneut wurde mir gesagt: Wie kannst du nur den Vertreter des Vali mit 7:0 schlagen? Andere meinten sogar, dass ich nun Gefahr liefe, meine Aufenthaltserlaubnis für die Türkei zu verlieren. Wie viel Spaß und wie viel Ernst in diesen Aussagen meiner Freunde lag, konnte ich zu dieser Zeit nicht hundertprozentig einschätzen. Nun war guter Rat teuer …

Letztlich entschloss ich mich, meinen mir vor dem Match noch gänzlich unbekannten Tennis-Gegner auf seinem Arbeitsplatz persönlich aufzusuchen. Das sogenannte „Valilik", der Sitz des Ministerpräsidenten, liegt in Mugla als Provinzhauptstadt für uns in sehr erreichbarer Nähe und so machte ich mich mit einem angemessenen Präsent auf den Weg. Nachdem ich den zentralen Atatürk Platz mit der überlebensgroßen Statue des türkischen Staatsgründers erreicht hatte, lag der Sitz des Ministerpräsidenten der Statue direkt gegenüber, sozusagen vor den Augen Kemal Atatürks. Eine mit Marmor gefliese Ebene und Treppen, die ebenfalls aus diesem hier in der Türkei weniger als bei uns im Westen teuren Material gefertigt waren, wiesen mir den Weg zur Ministerialbehörde. Bei einer Sicherheitskontrolle am Eingang erklärte ich dem hier Dienst tuenden Beamten mein Anliegen, und der wies mir den Weg zum Amtszimmer des von mir anvisierten Gouverneur-Vertreters. Über eine breite und der Würde dieses Amtssitzes angemessene Wendeltreppe schlug ich den mir gewiesenen Weg zum ersten Stock ein. Die Stufen der Treppe waren mit einem dicken, roten Teppich versehen. An vielen Orten des Gebäudes machte ich türkische Flaggen und auch Bilder des Staatsgründers aus. Einige formell gekleidete Beamte gingen auf dem unteren und oberen Flur ihren Geschäften nach. Der Raum des „Vali" (Ministerpräsidenten) lag ebenfalls im ersten Stock des Gebäudes und war mit zwei großen Flügeltüren versehen. Ein Sitzungszimmer befand sich dazu in erreichbarer Nähe. Nach der langgezogenen Wendeltreppe befand sich der von mir gesuchte Amtssitz meines Tennis-Partners auf der linken Seite des oberen Flurs. Der Name des Vali-Assistenten war an dessen Vorzimmer angebracht. Hier empfing mich eine interessiert, aber auch fragend wirkende Vorzimmersekretärin. Da stand ich nun mit meinem mitgebrachten Präsent in meinen Händen, stellte mich vor und tat in kurzen, erklärenden Worten mein Anliegen kund. Ohne auf dieses näher einzugehen, betrat sie etwas später den Eingang zum eigentlichen Amtssitz des Ministerial-Assistenten. Nach einer kurzen Rücksprache bedeutete mir die Dame, dass ich eintreten könne und damit direkten Zugang habe. Da stand ich nun vor meinem Tennispartner, der nach wie vor auf mich klein und drahtig wirkte, jetzt aber in einem wohl maßgeschneiderten Anzug und für meine Begriffe überdimensionalen Büro vor mir stand. Sein breites Lächeln und die allgemeine Körperhaltung zeigten mir aber bereits vom ersten Augenblick an, dass die Kommentare meiner Sportlerfreunde wohl doch nicht die Gesinnung dieses mir freundlich entgegenblickenden Mannes widerspiegelten. Auf mein kleines, mitgebrachtes Geschenk hinweisend (einige süße Spezialitäten der Stadt mit einem aufgesetzten Tennisball) gab ich zu verstehen, dass ich meinen Gegenspieler des Tennisturniers doch mal besuchen wolle und nach Aussagen einiger Freunde vielleicht mein deutlicher Sieg im Spiel doch nicht sehr diplomatisch war ... Mein Gegenüber lächelte verstehend und erklärte mir mit sehr netten Worten, dass das Ganze doch in Ordnung gewesen sei und ich mir mal keine weiteren Gedanken machen solle. Es entwickelte sich im Weiteren ein recht gutes Gespräch zwischen uns beiden und nach einiger Zeit gingen wir mit der Zusicherung, sich auch weiterhin von Zeit zu Zeit sehen zu wollen, auseinander. Das taten wir dann auch in den nachfolgenden Monaten und bis heute verbindet uns eine lockere, aber bei gelegentlichen Wiedersehen immer wieder recht herzliche Freundschaft.

Übrigens habe ich dann im Tennisturnier unserer Stadt zwei weitere Spiele verloren. Womit vielleicht auch der Ehre des türkischen Sports wieder Genüge getan war ...

Unsere Yayla – Leben auf der türkischen Alp

Ein erneuter Schuss durchdrang die sonstige Stille der dörflichen Landschaft. Unzweifelhaft wurde er in unserer direkten Nachbarschaft abgegeben. Auch wenn wir bereits einen Teil des Sommers auf der Yayla verbracht und uns mittlerweile an die Schüsse aus Pistolen und Gewehren etwas gewöhnt hatten, schreckten wir dennoch zusammen. Renate und ich saßen aneinander gekuschelt auf unserem kleinen, hölzernen Hochsitz. Abends wurde es hier auf dem Land auch im Sommer merkbar kühler. Eine über uns beide ausgebreitete Wolldecke wärmte uns. Renate hatte mehr Angst vor den immer wiederkehrenden Schüssen als ich. Peng. Das Singen der Nachtigall verstummte erneut. Diesmal klang es besonders nah. Auf einem der Nachbargehöfte gab es wohl ein feucht-fröhliches Miteinander. Für einen Sommerabend am Wochenende nichts Außergewöhnliches. Und die Schüsse schienen dazuzugehören. So jedenfalls lautete ungefähr die Meinung von Onkel Salih. Und der musste es schließlich wissen. Am Anfang hatten wir uns nämlich besorgt fragend an ihn gewandt. Bei feuchten Zusammenkünften der Männer geht es wohl etwas ausgelassen zu und ein scharfer Schuss in die Luft aus der eigenen Pistole scheint hier ein weiterer Ausdruck der Freude zu sein. Es gab aber auch kritischere Stimmen aus dem Yayla-Viertel. „Wie in Texas", meinten andere aus der Stadt im Blick auf solche Gepflogenheiten in dem Dorf. „Seytan Köyü" (Teufelsdorf) wurde dieser erst vor Kurzem eingemeindete Teil unserer Stadt auch genannt. Und genau hier hatten wir uns mit fast 3000 Quadratmeter Land eingekauft. Ein erneuter Schuss ließ uns erneut zusammenschrecken. Mit einigen der Dörfler hatte ich darüber gesprochen, woher wohl dieser Spitzname für das Dorf kam. Die meisten hatten mir eine eher harmlose Geschichte von einem Mauerbau und geklauten Steinen erzählt. Vielleicht sollte ich dieser Namensgebung doch näher auf den Grund gehen …

Unsere Stadt Mugla ist im östlichen und südlichen Stadtrand weitläufig umgeben von großen Grünflächen, die zum Teil auch für die Landwirtschaft und den Anbau von Tabak und Wein genutzt werden. In Anlehnung an den sonstigen Sprachgebrauch im Land werden diese weiten Flächen als sogenannte „Yayla" bezeichnet und sind neben anderen Dingen eine der wichtigsten und bekanntesten Besonderheiten in unserer Gegend. Der Begriff Yayla kommt dabei sowohl im Singular als auch im Plural (Türkisch: „Yaylalar") vor. So wird das gesamte Gelände um die Stadt mit den einzelnen Gehöften und Dörfern sowie den kleinen dazugehörenden Geschäften, Restaurants und Moscheen als Yayla bezeichnet. Darüberhinaus bildet aber auch jedes einzelne Gehöft innerhalb des Ganzen eine eigene, selbständige Yayla und wird von den Einheimischen auch als solche bezeichnet.

Eigentlich ist der Begriff der Yayla im Blick auf diese Ortschaften unserer Stadt nicht ganz korrekt. In der übrigen Türkei sind nämlich Yaylas solche Gehöfte oder auch kleine Stallungen, die weiter entfernt von den dazugehörenden Ortschaften oder Städten in den um sie herum liegenden höheren Berggebieten oder Hochebenen liegen. So könnte man eine Yayla also wie auch in der Überschrift benannt ungefähr als das türkische Gegenstück zu einer Alp nehmen, wie wir sie ja z.B. von Österreich oder der Schweiz her kennen. Eine solche Yayla=Alp dient in der gesamten Türkei an vielen Orten den Einheimischen als Rückzugsort für Mensch und Tier vor der oft großen Hitze im Sommer. Da kommt es vor, dass ganze Familien für eine längere Periode in den Sommermonaten ihr Wohnhaus verlassen und die Yayla als willkommenen Ort des Rückzugs, aber auch der ertragreichen Landwirtschaft in der gesunden Höhenluft nutzen. Die Besonderheit in Mugla ist jedoch, dass die Yaylas der Stadt nicht etwa geographisch über dieser gelegen sind, sondern sogar in der Regel unter der Höhenlage der Stadt. Weil das gesamte Gebiet um unsere Stadt aber auf einer Hochebene auf ca. 600 Meter über dem Meeresspiegel liegt, sieht man eben die umliegenden Dörfer und Ebenen der Stadt auch als Yayla. So kommt es zu dem Paradoxon im türkischen Sprachgebrauch, dass man als Einwohner von Mugla zu seiner Yayla nicht etwa wie es vom Sprachgebrauch her zu erwarten wäre hinauf-, sondern vielmehr hinunterfährt.

149

Über die Jahre habe ich mich in Mugla recht intensiv mit der Geschichte der Stadt beschäftigt und traf dabei auch immer wieder auf Aufzeichnungen im Hinblick auf das frühere Leben auf der Yayla. Unter anderem schrieb Orhan Sahin, ein früherer Bürgermeister unserer Stadt, in sehr lebhaften Erinnerungen und einigen zugefügten Zeichnungen über das Leben auf der „türkischen Alp".

Aber nicht nur durch Dokumente einer für manche älteren Leute in Mugla noch sehr lebendigen Vergangenheit wurde ich mit in das Leben auf der Yayla hineingenommen…

Bei einigen meiner Radtouren wählte ich kleinere Straßen und Wege, die mich durch die verschiedenen Yayla-Gebiete um unsere Stadt herum führten. Besonders im Frühjahr, zur Zeit des Wiedererwachens der Natur, war es neben dem sportlich-konditionellen Training eine Freude, durch die nun wieder grüne und von ausschlagenden Bäumen gesäumte Landschaft zu fahren. Manchmal verirrte ich mich etwas im Labyrinth der weitverzweigten Yayla-Landschaft mit ihrer nach außen hin völlig ungeplant anmutenden Struktur. Da blieb es nicht aus, Einheimische nach dem weiteren Weg zu fragen oder auch sonst mal ins Gespräch zu kommen, über das Yayla-Leben, die Schönheit der Landschaft oder auch die sich ändernden Zeiten. Besonders ältere Leute in Mugla wissen viele interessante Dinge über Land, Leben und Leute zu berichten. Auch wurden wir gleich zu Beginn unserer Zeit in Mugla von einer bekannten Familie auf ihr Yayla-Grundstück eingeladen. Es war herrlich, mit ihnen zusammen dort in der Natur einen schönen Nachmittag zu verbringen. Das alte Haus der Familie stammte wohl noch von den Vorfahren und war bereits zum Teil restauriert worden. Die Felder waren bepflanzt, die Yayla diente aber wohl auch gerade den jüngeren Leuten in der Familie zur Erholung. In den nachfolgenden Jahren wurden wir immer wieder mal von Einheimischen auf eine Yayla eingeladen und bekamen so stetig mehr mit, wie sich das Leben auf so einem Grundstück in den wärmeren Monaten des Jahres gestaltet. Einmal verirrten Renate und ich uns sogar mit unseren Fahrrädern im Yayla-Gebiet. Wir wussten überhaupt nicht mehr weiter und es war inzwischen schon recht dunkel geworden. Etwas hilflos gingen wir gemeinsam zu einem der näherliegenden Gehöfte und nach einem zaghaften Betreten des Grundstückes wurden wir auch hier von den Besitzern herzlichst begrüßt und aufgenommen. Es stellte sich heraus, dass wir bei dem Mann der Familie schon öfter mal das hier in der Türkei traditionelle „Helva" (Süßspeise mit Sesamöl) gekauft hatten. Das bereits ältere Ehepaar verköstigte uns und wies uns dann den weiteren Weg. Was das Yayla-Leben betrifft, war ich über die Jahre hier in Mugla langsam auf den Geschmack gekommen und es reifte der Gedanke heran, vielleicht einmal selbst so ein Grundstück auf dem Land für uns als Familie und unsere Freunde herzurichten.

So fuhr ich also in den nächsten Wochen und Monaten etwas zielstrebiger mit dem Mountainbike durch das Labyrinth der miteinander verästelten Yayla-Wege, in der Hoffnung, vielleicht in dieser Richtung etwas zu erspähen. Auch gab ich einigen der hiesigen Immobilienmakler Bescheid. Wenige Freunde wussten von meinem Gedanken und so harrten wir der Dinge, die sich entwickeln würden. Aber es verging dann doch eine längere Zeit, bis wir zu „unserer" Yayla kamen.

Wir waren mit dem Kauf der Yayla zwar noch ein Stück mehr Einheimische in unserer Wahlheimat geworden, aber auch Landschaftgärtner, Bauern, Dörfler, Winzer, Herbergseltern, manchmal Leiter einer Freizeitanlage und Großküche. Doch zunächst mal sollte die Yayla für unsere Zwecke hergerichtet werden. Und das bedeutete wieder ein Suchen, Beauftragen und Begleiten von türkischen Handwerkern, Konzeption und Planung der Renovierungen, Materialbeschaffung und manche grauen Haare…

Recht bald hatten wir ersten Kontakt zu den Nachbarn auf dieser für uns noch etwas fremden Yayla-Welt. Beschränkte sich dieser bislang mehr auf kurze Besuche und sicherlich gut gemeinte Ratschläge zur Gestaltung und Nutzung des Geländes, intensivierten sich die Beziehungen dann in der nachfolgenden Zeit. Wir tauchten langsam aber sicher ein in das dörfliche Umfeld der Türkei…

151

Einige unserer Nachbarn öffneten sich also in unserem ersten Sommer auf dem Land uns gegenüber immer mehr. Da war zunächst der weithin in unserer Gegend bekannte „Salih Amca". Dieser ist ein bereits betagter Dörfler von eher kleiner Gestalt, der immer mit einem Rat zur Stelle war, wenn es um die Bebauung des Landes ging. Er kam besonders zu Beginn unserer Zeit oft zu Besuch und ließ es sich manchmal auch nicht nehmen, die Arbeiter auf dem Grundstück zu unterweisen. Seine ebenfalls bereits betagte Frau war da eher zurückhaltend und verbrachte die meiste Zeit auf ihrem eigenen, kleinen Grundstück.

Um die Ecke wohnte „Pembe Teyze" mit ihrem inzwischen verstorbenen Mann. Bei den beiden war nicht nur nach der äußeren Erscheinung zu urteilen recht bald klar, wer das Regiment im Haus führt. War Pembe Teyze eher korpulent und von kräftiger Gestalt, erschien ihr Mann im Vergleich zu ihr eher klein und hager. Auch trugen die Wortgewandtheit und das manchmal resolute Auftreten der Teyze dazu bei, diesen ersten Eindruck noch zu verstärken. Traten die beiden zusammen auf, kam der Mann meistens eher wenig zu Wort. Beide schienen sich aber wiederum, was die Arbeiten auf ihrem Hof anging, zu ergänzen, jedenfalls gab es in jedem Jahr dort manche Erträge.

Auf der Rückfront unseres Hauses befand sich das Gehöft von Salih, der zusammen mit seiner Mutter und einem Bruder sich ebenfalls in den Sommermonaten dort aufhielt. Salih selbst ist Musiker und verdient sich besonders in der Saison gutes Geld mit einem kleinen Team. Sie treten bei den zu dieser Zeit zahlreichen Hochzeits- und Beschneidungsfesten auf. Er machte auf mich immer einen sehr verträglichen Eindruck und einige Male besuchten wir die Familie auf ihrem Hof. Besondere Beachtung fanden dort bei den Besuchern immer wieder die hochrankenden Sonnenblumen. Auch Mais wurde bei ihnen viel angebaut und bei Besuchen manchmal mit Gästen zusammen verzehrt.

Lange Zeit brach lag das ebenfalls recht große Grundstück zu unserer linken Seite. Ein altes, zusammengefallenes Haus machte hier darauf aufmerksam, dass auch diese Yayla einmal bessere Tage gesehen hatte. Später hörte ich, dass das Gelände verkauft worden sei und natürlich ist man dann gespannt auf den neuen Nachbarn. Der stellte sich als „Bülent Bey" heraus, der mit seiner Frau und einem Kind nun das Grundstück für seine Freizeit nutzen wollte. Auch sie hatten in den nächsten Monaten viel zu tun und schon war unser Salih Amca unterwegs, um ihnen mit gutem Rat zur Seite zu stehen. Dadurch, dass das Wohnhaus und das ganze Gelände noch viel mehr als bei uns der Restaurierung bedurfte, hatte die Familie von Bülent Bey eine Menge zu tun. Hier und da boten wir unsere Hilfe an und gaben etwas von unseren eigenen Erfahrungen weiter. Bülent Bey war in der Verwaltung des staatlichen Krankenhauses in leitender Stellung beschäftigt und kam neben den Wochenenden auch hier und da in den Abendstunden zu seinem Grundstück.

So neigte sich dann unser erster Sommer auf unserer Yayla dem Ende zu. Wir hatten bereits einiges gelernt und waren immer noch dabei, in die dörfliche Kultur einzutauchen. An einigen Stellen hoben wir uns aber sicherlich sehr von den „Alteingesessenen" ab und fielen aus der Reihe. Einen nicht unwesentlichen Beitrag dazu leistete unser „Schwimmbad"…

Viele unserer Nachbarn auf der Yayla haben einen sogenannten „Havuz". Dieser ist ein meist rechteckig gemauertes Becken, in das in den Sommermonaten Wasser eingelassen wird, um damit die Nutzpflanzen rundherum zu wässern. Diese Becken sind in der Regel weder übermäßig groß noch tief, können aber dennoch den Wasservorrat für einige Tage garantieren. Auch wir bauten uns ein solches Havuz – jedoch zu einem anderen Zweck. Auf meine Anweisung hin baute uns Ekrem Usta ein ebenfalls rechteckiges Becken von ungefähr 2,5 Meter Länge und einer Breite von ca. 1 Meter. Eine Plane, die zuvor eine Tischtennisplatte vor Regen schützen sollte, passte genau und diente als Überdach für unser Becken. Anders als bei den Nachbarn ließen wir unseren Havuz von innen fliesen, und zwar mit blauen Schwimmbadfliesen. Dies deutet bereits auf die spätere Nutzung hin; es gelang mir mit einer speziellen Technik, unseren Havuz zu einem kleinen, aber sehr funktionellen Schwimmbad umzufunktionieren: Ich hakte meine Füße am Ende des kleinen Beckens an dessen Rand ein und konnte nun per Kraul- oder Brustzug meine Bahn schwimmen – und dies ohne Wende und Rücksicht auf andere Schwimmer im Bad!

Mein kleines Schwimmbad blieb unter den Nachbarn nicht lange unentdeckt und wurde sicherlich zu einem Gesprächsthema in unserer Yayla-Landschaft. Und der eine oder andere Dorfbewohner wurde so Zeuge eines eher ungewöhnlichen Geschehens auf der türkischen Alp! Man stelle sich nur den einfachen, türkischen Dorfbewohner vor, der den „verrückten" Europäer bei schier endlosen Schwimmzügen in einem kleinen „Bewässerungs-Havuz" beobachtet. Sollte der nicht lieber auf dem Feld stehen und mit diesem Wasser seine angebauten Pflanzen gießen? Ich war mir der Eigentümlichkeit des Geschehens für unsere Nachbarn schon bewusst und sicherlich war dieses Schwimmvergnügen nicht gerade kulturell angepasst. Auf der anderen Seite jedoch hatte ich schon zu dieser Zeit mit mehr oder weniger großen Rückenschmerzen zu tun und verschaffte mir hier gute Linderung. Und das kühle Nass (direkt aus dem Brunnen ließen wir das Wasser ein) war besonders in den heißen Sommermonaten auch nicht zu verachten. Später einmal bewarb ich mich sogar nach einer Konsultation mit einem Aluminiumbauer vor Ort für einen Eintrag im Guinness-Buch der Rekorde. Hier hatte ich meinen türkischen Havuz als kleinstes Hallenbad der Welt vorgeschlagen. Ich wollte das Becken mit einem passenden Dach versehen lassen. Leider wurde der Vorschlag nicht angenommen – vielleicht gab es ja auch schon ein noch kleineres Hallenbad irgendwo auf der Welt…

Nachdem wir auch im nächsten Jahr auf unserer Yayla besonders im Frühjahr und dann im Sommer damit beschäftigt waren, auf der einen Seite mit langen Schläuchen und Eimern unsere kleinen Bäume und andere Pflanzen zu gießen, auf der anderen Seite aber zum Beispiel mit einer einfachen Sense dem Unkraut zu Leibe zu rücken, bahnte sich dann eine große Veränderung in der Gestaltung unseres Grundstückes an: Ei-

nige Freunde aus Renates christlicher Gemeinde in Feldkirch/
Österreich hatten uns besucht und den Eindruck mit nach Österreich genommen, dass wir in Sachen Yayla wohl wirklich
Hilfe gebrauchen könnten. Und so schickte die Gemeinde
eine Art „Spähtrupp" in die Türkei. Angeführt von einem richtigen Landschaftsgärtner aus den eigenen Reihen, wollten die
Freunde aus Österreich prüfen, was sich denn wohl aus dem
Grundstück bei uns auf der Yayla machen ließe. Schon nach
wenigen Tagen bei uns entwickelte wohl Lukas, der Landschaftgärtner, eine Vision für das Ganze. Es fanden sich dann
in Österreich viele, meist junge, Mithelfer. Auch Peter, einer
der Leiter der Gemeinde, trug das ganze Projekt mit und erklärte sich mit Freude bereit, die inzwischen auf ca. 15 Personen angewachsene Gruppe auf ihrer Reise in die Türkei zu
begleiten. Im Sommer 2005 wurde dann das ganze Vorhaben
in die Tat umgesetzt.

Was in dieser Zeit unter wohl allen Dorfbewohnern einhellig Anklang fand, war die hohe Arbeitsmoral der österreichischen Jugendlichen. Was da alles in der Kürze der Zeit entstand, suchte seinesgleichen. Mancher Nachbar verglich diese
Freude und Kraft bei der Arbeit mit dem Einsatzwillen der
eigenen Kinder oder anderer in der Stadt und kam dabei nicht
zu einem für die eigenen Jugendlichen vorteiligen Ergebnis.
Unsere Gruppe trug ein Licht in den gewöhnlichen Alltag der
türkischen Dorfgemeinschaft und wurde langsam zum Stadtgespräch. Einzelne lokale Zeitungen wurden auf das Geschehen aufmerksam und baten um Erlaubnis, uns und die Gruppe
aus Österreich zu besuchen. Es war aber auch ein ganz besonderes Erlebnis, diese jungen Leute bei der Arbeit zu sehen.
Frühmorgens bereits stand die Gruppe auf und versuchte, bevor die Sonne richtig warm wurde, einen Teil des Tagespensums zu erfüllen. Danach gab es eine Siesta und am Nachmittag bei bereits tiefer stehender Sonne ging es mit ungebrochenem Eifer weiter bis zum Abend. Hier und da sah man sogar
noch am Abend in der Dunkelheit einzelne Gestalten ihr Tageswerk zu Ende führen. In immer mehr Zeitungen wurde
nun bereits auf dieses ungewöhnliche Geschehen auf der tür

kischen Alp aufmerksam gemacht. Aber noch jemand sollte uns auf der Yayla seine Aufwartung machen …

Wie zuvor bereits erwähnt, pflegten wir über die Jahre eine immer bessere Beziehung zur Stadtverwaltung in Mugla. Auch hierhin gelangte die Nachricht von unserem Bautrupp aus Österreich und nun wollte auf eine Einladung hin auch der Bürgermeister unserer Stadt selbst den Gästen aus dem Alpenland seine Aufwartung machen. Am verabredeten Tag kam also ein kleiner Fahrzeug-Konvoi in Richtung unseres Dorfes und unser Bürgermeister zusammen mit anderen Mitgliedern der Stadtverwaltung und auch der Presse betrat unser Grundstück. Ich fungierte als Übersetzer zwischen den österreichischen Gästen und dem Bürgermeister, der sich sehr interessiert an den Arbeiten zeigte und hier und da auch nach den aus Europa mitgebrachten Materialien fragte. Bei einem anschließenden Gespräch zum türkischen Tee fragte er einzelne unserer Gäste nach ihrer Sicht im Hinblick auf die Türkei und auch die Europäische Gemeinschaft. Es war ein für alle gewinnbringender Nachmittag und für die Zukunft unserer Yayla wünsche ich mir weitere solcher Begegnungen, die Kulturen miteinander verbinden können.

Bevor unsere Gruppe dann wieder unsere Stadt und das Land verließ, gab es mit dem Besuch einer türkischen Volkstanzgruppe noch eine weitere, schöne Begegnung der Kulturen. Die ebenfalls jungen türkischen Tänzer präsentierten auf unserem Feld einige lokale Tänze und luden unsere österreichischen Gäste auch zum Mittanzen ein. Auch hier wie bei den ebenfalls folgenden türkisch-österreichischen Volleyball-Begegnungen ließen sich Begegnungen zwischen den Kulturen auch in der Zukunft ausbauen. Jedenfalls hatten am Ende so manche Einheimische unsere Gäste ins Herz geschlossen. Auch für die österreichischen Freunde muss es eine ganz besondere Zeit gewesen sein. Aus den vielen Fotos und anderem Bildmaterial stellte die Gruppe eine faszinierende Präsentation zusammen. Aber auch in anderer Hinsicht war die Zeit wohl recht interessant für sie: Einige aus der Gruppe sind nun miteinander verheiratet …

Unsere türkische Yayla als Begegnungsstätte der Kulturen, so kann ich mir auch in Zukunft einen erfolgreichen interkulturellen Dialog vorstellen. Mit der österreichischen Gruppe haben wir einen guten Anfang gemacht. Weitere Gruppen folgten und sogar bis aus Amerika kommend haben sich Gruppen in der nachfolgenden Zeit auf unserer Yayla betätigt und türkische Dorfkultur kennengelernt. Dabei wurde miteinander viel Tee getrunken (was auch sonst), miteinander gegessen, Volleyball gespielt, gegrillt, gesungen, getanzt, gebaut. Und der ein oder andere ist sogar in unserem Freibad geschwommen …

Teil 3:

Als Fremder im eigenen Land – der lange Weg zurück

1. „Die schlimmste Zeit meines Lebens" –
Aufbruch zu neuen Herausforderungen

Zurück?!

Die beiden deutschen Touristen waren mir bereits zuvor aufgefallen. Mit meiner durch die im Lauf der Jahre gewonnenen türkischen Flughafenerfahrung wartete ich gerade relativ geduldig am Ausgang des Terminals auf unsere neuen Gäste. Nun kamen sie freudig lächelnd geradewegs auf mich zu. Mit einer herzlichen Umarmung begrüßte ich unsere alten Freunde. Als wir uns mit den Koffern zum Auto aufmachen wollten, fielen mir die beiden Touristen erneut auf. Immer noch standen sie etwas hilflos und unschlüssig am Ausgang. Ich bedeutete unseren Freunden kurz zu warten und fragte die Touristen, ob ich helfen könne. Ich bot den beiden an, sie bis zum Busbahnhof mitzunehmen, offensichtlich war ein Transport zum Hotel nicht arrangiert worden. Auf dem Weg erzählte ich ihnen kurz von unserem Leben hier in der Türkei und fügte hinzu, dass wir uns gerade überlegen würden, nach Deutschland zurückzukehren. Ich würde dort dann meine Referendarzeit als Lehrer nachholen, erklärte ich. Die Frau mittleren Alters hatte mir aufmerksam zugehört. Als wir uns bereits dem Busbahnhof genähert hatten, bemerkte sie: „Das würde ich mir aber gut überlegen. Ich bin dabei krank geworden. Und das, was Sie hier haben, finden Sie in Deutschland nicht." Sie entpuppte sich als ehemalige Lehrerin, der die Schule wohl viel abgefordert hatte. Ich dachte in der Folge noch manches Mal an diese Begegnung zurück ...

Wenn man den Bericht über unser Leben im Orient liest und besonders im letzten Kapitel unser Eingebettetsein als Familie in die türkische Kultur wahrnimmt, fragt man sich vielleicht, warum man dann doch diese lieb gewordene Kultur verlassen und wieder mit einem Leben in Europa eintauschen kann. Ehrlich gesagt habe ich mich das in der Zeit nach unserer Rückkehr auch etliche Male gefragt. Und ich könnte mir vorstellen, dass unserer Zeit hier im Rheinland auch eine weitere,

161

neue Phase unseres Lebens folgen wird. Allerdings gingen unserer Rückkehr im Sommer 2008 viele Überlegungen voraus und etliche Ratgeber aus unserem engsten Freundeskreis meinten, dass es besser sei, zumindest für einige Jahre unsere Wahlheimat in Richtung Deutschland zu verlassen. Aber es gab auch einige andere Stimmen wie z.B. die der Lehrerin in der zu Beginn beschriebenen Szene am Flughafen in Dalaman. Die Phase unserer Orientierung als Familie währte letztlich etliche Monate, und obwohl einige Stimmen unser Vorhaben in Frage stellten, beschlossen wir letztlich, uns am Rat unserer engsten Freunde und derer, die uns am besten kannten, zu orientieren. Wir selbst waren aufgrund mancher offener Fragen der letzten Jahre ins Zweifeln gekommen, was die nahe Zukunft betraf. Da waren auf der einen Seite wir als Familie. Renate hatte als Frau in einer islamischen Gesellschaft nicht immer die Freiheiten, die sie in Europa gewohnt war. Ihr fiel es an einigen Stellen sehr schwer, sich an die örtlichen Gegebenheiten, z.B. im Hinblick auf die stärkere Trennung der Geschlechter, zu gewöhnen. Öfter einmal eckte sie dabei auch in ihrer eher spontanen Art an. Auf der anderen Seite vermisste sie immer wieder in mir den Gesprächspartner, den sie sich gewünscht hätte. Auf der anderen Seite konnte ich mir schlecht vorstellen, meiner Frau auf Dauer alle guten Freundinnen zu ersetzen. Und diese fand sie wohl im Blick auf tiefere Gesprächsthemen nicht in den türkischen Frauen. Ein weiterer Aspekt, den wir im Blick auf uns als Familie sehen wollten, war die Frage der weiteren schulischen Ausbildung unserer Tochter Hanna. Sie stand vor dem Abschluss der türkischen Grundschule (diese dauert hier fünf Jahre) und würde zum nächsten Jahr in die sogenannte „Orta Okul" (Mittelschule) wechseln. Würde diese Schule aber dem gerecht werden können, was unserer Tochter in Deutschland an Leistungsvermögen bescheinigt wurde? (Hanna hatte während eines längeren Schulbesuchs in Deutschland die Empfehlung für das Gymnasium bekommen.) Sollten wir unserer Tochter nicht eine Schulausbildung ermöglichen, die ihr die Voraussetzung geben würde, überall in Europa und auch anderen Erdteilen studieren zu können? Ein weiterer wichtiger Aspekt war die Frage unserer Arbeit in der Türkei. Das Geschäft mit den Gästehäusern lief eher schleppend und die neugegründete GmbH. bewegte sich mehr in den roten Zahlen. Wollte man wirklich effektiv arbeiten, bräuchte es mehr Kapazitäten und gute Werbung. Hinzu kam, dass wir nicht wirklich vom Fach waren. Die bereits zuvor erwähnten Schwierigkeiten mit den Arbeitsgenehmigungen taten ihr Übriges.

Diese Punkte neben anderen, und wie gesagt der Rat etlicher Freunde, ließen uns letztlich einwilligen, nach Deutschland zurückzukehren. Unser Haus und die Yayla wollten wir dabei aber zumindest vorläufig behalten und können uns bis heute eine spätere Rückkehr in unser durch die Jahre so vertrautes Umfeld gut vorstellen. Es stellten sich nun in Bezug auf einen so großen Schritt mancherlei Fragen. Es schienen sich jedoch Türen in verschiedener Richtung zu öffnen. Zunächst einmal war es weniger Aufwand, als zunächst befürchtet, sich hinsichtlich einer Stelle als Referendar an die zuständige Landesregierung zu wenden. Noch im Frühjahr 2008 führte ich mehrere Gespräche mit zuständigen Beamten in Düsseldorf und einer freundlichen Seminarleiterin in Mönchengladbach. Eine gute Freundin in Krefeld stellte die nötigen Papiere zusammen und gab sie zur sicheren Wahrung der Frist persönlich in Düsseldorf ab. Letztlich bekam ich sogar die Zusage, meine Referendarzeit zum Lehrer für Sport und Biologie an der Schule meiner eigenen Wahl abzuleisten. Die Inhalte des zweiten Teils der Lehrerausbildung schienen jedoch weniger verheißungsvoll. Bei einer Google-Suche zum Thema Referendarzeit erschienen gehäuft Beiträge mit eher entmutigenden Überschriften wie etwa „Die schlimmste Zeit meines Lebens" und anderem. Dies jedoch konnte mich nicht zu sehr schrecken, da hatte ich ja zuvor in der Türkei auch anderen Herausforderungen begegnen dürfen…

Die Sache mit unseren Häusern in Mugla schien mir da eine noch offene Frage. Wie sollten diese während unserer längeren Abwesenheit instand gehalten werden und nicht mit der Zeit verrotten? Einer der Nachbarn sagte mir noch, dass ein unbewohntes Haus im Laufe der Zeit verfallen würde. Hier kam uns etwas zugute, was ich zu der Zeit niemals mit unseren Häusern in Verbindung gebracht hätte. Und zwar bekamen wir über eine Versicherungsangelegenheit in Deutschland näheren Kontakt zu einem freundlichen Ehepaar in unserer Siedlung. Die Mutter der Nachbarsfrau bezieht seit einigen Jahren eine Rente von ihrem bei einem Arbeitsunfall in Deutschland verstorbenen Ehemann. Diese Rente wurde aufgrund nicht eingegangener Belege von der deutschen Versicherung eingestellt. Obwohl unsere neuen Freunde sogar einen türkischen Anwalt einschalteten, wurden die Zahlungen zum Leidwesen besonders der Mutter nicht wieder aufgenommen. Bei einem Besuch in Deutschland konnte ich mit der Versicherungsgesellschaft reden und die Erbringung der nötigen Belege einleiten. So miteinander in besseren Kontakt gekommen fragten wir Fahrettin und Remsiye, unsere neuen Freunde, ob sie sich vorstellen könnten, während unserer Abwesenheit nach unserem Haus und der Yayla zu schauen. Nach kurzer Beratung und Besichtigung der Yayla willigten sie ein, und damit war uns eine wichtige Frage im Blick auf die nähere Zukunft abgenommen.

Noch gab es aber viele andere Dinge zu regeln. Und das betraf sowohl die türkische Seite als auch die deutsche. Eine Präsenz und Anbindung an zwei verschiedene Kulturen bedarf vieler Abklärungen und mancher Organisation. Schon hier, noch in der Türkei, konnten wir wohl beginnen, die Situation vieler türkischer Migranten in Deutschland zu verstehen. Die Weiterführung nötiger Zahlungen (Strom, Wasser etc.) musste geregelt werden, verschiedenste Absprachen mit Fahrettin und Remsiye getroffen, Ersatzschlüssel angefertigt, Gebrauchsanweisungen für unser Haus und die Yayla geschrieben, Freunde informiert, besondere Papiere und eine Versicherung für unser Auto im Ausland abgeschlossen usw. Schwieriger als das war wohl noch der Gedanke, so viele Freunde bald für längere Zeit zurücklassen zu müssen. Manche dieser Freunde waren sichtbar traurig über die Nachricht unseres Fortgehens und eine ältere Frau weinte sogar im Blick auf unseren nahen Abschied. Auch uns nahm das Ganze recht mit. Unsere Tochter Hanna konnte diesen Schritt für sich überhaupt nicht sehen. Für sie war es wohl noch um etliches schwerer als für uns. Schließlich hatte sie ihre Kindheit in Mugla erlebt und hatte ihre besten Freundinnen hier vor Ort. Auch sie weinte zu Beginn heftig und brachte ihre Wünsche klar zum Ausdruck: „Ich will nicht nach Deutschland!" In der nachfolgenden Zeit hörte ich manchmal von dem kleinen Ladenbesitzer um die Ecke, wie unsere kleine Tochter sich fühlte. Dem tat sie wohl hin und wieder ihr Herz auf und sagte unter anderem, dass sie nicht glaubt, in Deutschland glücklich werden zu können. Diese und andere Dinge machten mich innerlich recht zerrissen. Renate war eher positiver im Blick auf den Schritt zurück und sah die Sache vielleicht auch etwas nüchterner. Die Wochen gingen ins Land und die ersten Zeichen des Sommers taten sich auf. Es nahte der Tag unserer Abreise. Inzwischen hatte sich Hannas und auch meine Abwehr etwas gelegt und wir versuchten, auch die positiven Aspekte unseres erneuten Kulturwechsels zu sehen. Mittlerweile war meine Stelle als Referendar in meiner Heimatstadt Krefeld-Uerdingen klar, wir würden zunächst zu guten Freunden in ihr Haus ziehen können und hatten die Perspektive, später im noch vermieteten Haus meiner verstorbenen Großeltern wohnen zu können. So langsam ging es an die ganz praktischen, letzten Vorbereitungen unserer bevorstehenden langen Reise. Dazu gehörte auch unser Auto. Vor ca. vier Jahren hatten wir uns nach dem Abenteuer mit dem türkischen „Haci Murat" einen ganz neuen Renault Kangoo Diesel gekauft. Über die Abwicklung des ganzen Verkaufs (auch das geht in der Türkei nicht ohne Handel und manches Prozedere) hatten wir damals einen ganz guten Kontakt zur örtlichen Renault Vertretung in Mugla gewonnen und dessen noch recht jungem Leiter Mehmet Bey. Dieser führte schon damals das Unternehmen ziemlich dynamisch und hat seine Renault Vertretung über die Jahre zu einem großen Verkaufshaus mit Reparaturwerkstatt in der Nähe von Mugla ausgebaut. Nun sollte uns also dieser rote Kangoo über ungefähr 3000 Kilometer, die griechischen

Berge, die Alpen und manche Landesgrenzen bis an den Niederrhein in Deutschland führen. Was uns hier zugute kam war u.a., dass der nach außen hin nicht besonders groß wirkende Wagen innen sehr viel Platz bietet und einen immens großen Kofferraum besitzt. Schon bei anderen Fahrten zuvor hatten wir entdeckt, dass wir neben uns als Familie noch bis zu dreizehn Bananenkartons im hinteren Teil des Wagens transportieren konnten! Und das war nun auch im Hinblick auf manche mitzuführenden Dinge von Vorteil. Die besonderen Papiere für unser Auto waren inzwischen besorgt und wir konnten in absehbarer Zeit mit dem vielen Gepäck die lange Fahrt nach Deutschland antreten. Die Fahrt würde uns an etlichen schönen Orten vorbeiführen und war sicher ein Erlebnis besonderer Art. Über die vielen Kilometer machte ich mir weniger Sorgen. Unser Auto hatte sich schon zuvor bei langen Reisen mit viel Gepäck als zuverlässig erwiesen und sich nebenbei sogar als sehr sparsam im Verbrauch gezeigt.

In den Tagen vor unserer Abreise aus Mugla wollten viele unserer Freunde uns noch einmal sehen und verabschieden. Mit all diesen Freunden verbanden uns besondere Erlebnisse und Erinnerungen. Uns war bereits vorher klar, dass dies nicht leicht werden und hier und da auch mal Tränen fließen würden. Als Familie verbrachten wir die letzten Tage vor unserer Abreise zumeist auf der Yayla. Es war ja Hochsommer, Mitte Juli, und da war unser Platz im Grünen genau richtig, um hier Gäste zu empfangen, letzte Dinge zu ordnen und zu besprechen, sich selbst zu orientieren und auch nochmal den türkischen Sommer zu genießen. Wir empfingen manchen Besuch in diesen Tagen und besprachen bei solchen Gelegenheiten auch, wie man mit den jeweiligen Freunden in Kontakt bleiben wolle. Auch Hanna nutzte die Gelegenheit, um nochmals mit ihren Freundinnen zusammenzukommen und das weite Spielfeld der Yayla zu haben. Irgendwie war es in diesen Tagen fast unwirklich, das Ganze nun bald zu verlassen. Und doch kam der Tag.

Die Nacht vor unserer Abreise hatten wir dann doch noch einmal in unserem Haus in der Stadt geschlafen. Am Tag zuvor hatten wir den Wagen gepackt und das viele Gepäck wirklich verstaut bekommen. Jeder Winkel unseres Kangoo war sozusagen ausgefüllt und in vorhandene Lücken waren noch einzelne Schuhe gestopft worden. Als es dann wirklich so weit war, von unserer „Mahalle" Abschied zu nehmen, waren etliche der Nachbarn zusammengekommen, um sich zu verabschieden. Auch einige von Hannas Freundinnen waren dabei. Nachdem der Diesel gestartet war, bogen wir langsam von unserer Hausfront auf die kleine Straße. Es war ein Samstagmorgen und die Stadt war noch lange nicht zum Leben erwacht. Die noch lange winkenden Nachbarn hinter uns lassend, machten wir uns auf den Weg zu einem neuen Lebensabschnitt.

„Yol" – der Weg

Hanna und ich waren vorausgegangen und suchten einen geeigneten Platz auf dem großen Fährschiff. Es war bereits gegen elf Uhr abends und das Schiff sollte uns in der Nacht und dem folgenden Vormittag bis nach Ancona/Italien bringen. Für unsere Luftmatratzen suchten wir einen guten Platz auf Deck, auf eine Kabine und damit verbundene höhere Kosten hatten wir verzichtet. Auf dem Zwischendeck weiter unten bot sich uns ein bekanntes Bild. Größere türkische Familienbünde saßen bereits zusammen und hatten offensichtlich schon ein Nachtquartier gefunden. Die mitgeführten Taschen zeugten von einem ausgiebigen Picknick auf Deck. Auch hier auf See würde uns wohl das uns inzwischen lieb gewordene türkische Flair nicht verlassen ...

Das große Fährschiff der Anek Lines dreht sich noch etwas behäbig im großen Hafenbecken vor Igoumenitsa. Lange Reihen von Autos hatten sich inzwischen vor dem uns zugewiesenen Teil der Hafenpromenade gebildet. In den wartenden Autos machten wir auch etliche türkische Gesichter aus und schnell hatten wir Kontakt geknüpft zu manchen dieser Mitreisenden. Wir tauschten Erfahrungen von der bisherigen Reise aus und staunten über manche türkische Familien, die einen noch viel weiteren Weg als wir selbst vor sich hatten. Eine türkische Familie wollte gar noch bis in ihre Wahlheimat Norwegen. Von Tür zu Tür seien es für sie ca. 5000 Kilometer, sagte mir der Familienvater. Und diese Reise machten sie wohl nicht zum ersten Mal. Im ganzen Pulk der türkischen Reisenden hatten wir jedoch etwas ganz Besonderes: Unser Kangoo trug nach wie vor sein türkisches Kennzeichen. Und die vorgestellte Ziffer 48 deutete eindeutig darauf hin, dass wir aus Mugla kamen. Alle anderen Türken hatten ihre Autos ja von ihren derzeitigen Wohnsitzen mitgeführt und trugen demzufolge deutsche, österreichische, schweizerische oder auch holländische oder belgische Kennzeichen. Unser türkisches Kennzeichen jedoch sollte uns in den nächsten Monaten in Europa öfter zu interkulturellen Begegnungen verhelfen…

Auf dem riesigen Fährschiff suchten wir uns, nachdem unser Wagen im Schiffsinneren geparkt war, einen möglichst angenehmen Platz für unsere drei Schlafsäcke und den für die Reise mitgebrachten Proviant. Wir landeten zwangsläufig bei unserem Rundgang auch in der „türkischen Ecke" des Schiffes. Hier fanden sich viele andere türkische Familien zusammen, bildeten kleine Gruppen und breiteten ebenfalls ihre Schlafsäcke oder Decken aus. Während die Männer ob der langen, vorhergehenden Autofahrt schnell in den Schlaf fielen, waren die Frauen und Kinder noch lange munter und genossen offensichtlich das neue Zusammensein. Irgendwann nach Mitternacht legten wir uns aber zum Schlafen. Sicherlich hätten wir aber noch bis in die frühen Morgenstunden mit türkischen Mitreisenden über Gott und die Welt reden können…

Am nächsten Morgen freute ich mich an einer ruhigen Rasur in einer der recht sauberen Badezimmer des großen Schiffes. Auch das gemeinsame Familienfrühstück an Deck gefiel uns gut und es blieb noch ausreichend Zeit bis zur geplanten Ankunft gegen 13.00 Uhr in Ancona/Italien. Im vorderen Teil des Schiffes hatte man in bereitstehenden, bequemen Sesseln Platz, um auf den schnell die Wellen brechenden Bug des Schiffes zu sehen. Schon sah man den Küstenstreifen Italiens am Horizont und die letzten Stunden unserer Fahrt vergingen recht schnell. Mit Blick auf die Altstadt von Ancona inkl. einer hervorragenden, alten Kirche fuhren wir in den Hafen ein. Nach der Ausschiffung begaben wir uns nach einem kurzen Einkauf geradenwegs auf die Autobahn nach Bologna und fuhren vorbei am Gardasee nach Südtirol. Hier hatten wir bereits zuvor einmal im kleinen Ort Auer auf einem Campingplatz in den Bergen übernachtet. Auch diesmal steuerten wir auf diesen zu und kamen gegen Abend dort an. Inzwischen war es vom Wetter her nicht mehr ganz so freundlich und warm wie am Mittelmeer und auch sonst wirkte der Campingplatz auf mich eher ernüchternd. Der Besitzer hatte wohl inzwischen gewechselt und überall sah man irgendwelche Verbots- und Hinweisschilder, die einem sagten, was man tun oder lassen sollte. Da wir nach der langen Reise Hunger hatten, beschlossen wir nach einem Restaurant in der Nähe Ausschau zu halten. Ein solches fanden wir auch eingebettet in einen kleinen Vergnügungspark in der Nähe. Wir ließen uns nieder, froh, etwas gefunden zu haben. Ein Blick auf die mit Europreisen versehene Speisekarte ließ mich aber fast gleich wieder aufstehen. Es bedurfte Renates Zureden und des Verzichtes auf Bestellung von Getränken, um mich zum Dableiben zu bewegen. Bis heute macht mir manchmal der Vergleich zwischen Preisen in der Türkei und Euroland im Blick auf die Gastronomie zu schaffen. Schon zu dieser frühen Zeit stellte ich bei mir fest, dass die Rückkehr nach Europa für mich wohl mit mehr Schwierigkeiten verbunden sein würde als damals der Schritt nach Asien. Ich sagte sogar an diesem Abend noch zu Renate, dass wir von mir aus wieder zurückkehren könnten. Der Frust war groß und sollte sich auch nicht so bald legen. Kulturschock rückwärts könnte man es wohl auch nennen.

Wir blieben nicht zu lange auf diesem Campingplatz und begaben uns auf einer schönen Landstraße Richtung Meran und den Reschenpass. Vor diesem noch kamen wir an einem größeren Stausee vorbei. An einer Stelle des Sees ragte noch die Spitze eines versunkenen Kirchturmes hervor. Auf bereitstehenden Hinweisschildern wurde erklärt, dass hier vor der Flutung ein Dorf gestanden habe, und auch wurde die nun versunkene Kirche beschrieben. Ich fragte mich, ob dies vielleicht ein Bild für das inzwischen weitgehend säkularisierte, christliche Europa sein könne. Nachdenklich bewegte ich unseren immer noch trotz seiner schweren Last gleichmäßig und ruhig arbeitenden Kangoo in Richtung österreichischer Grenze.

Immer Richtung Norden – ist das Heimat?

Die uns von früheren Fahrten schon bekannte Städtenamen zogen an uns vorbei: Stuttgart, vorbei am Hockenheimring Richtung Mainz, Koblenz und schon bald sah man Hinweistafeln Richtung Köln und dann Mönchengladbach-Krefeld. Öfter war ich in Gedanken versunken. Der Weg schien gebahnt und die nächsten Schritte klar. Doch würde unsere Seele nachkommen? Die vorbeifliegende Landschaft war mir bekannt und doch irgendwie fremd. Würde uns die Heimat wieder Heimat sein können? Das letzte Autobahnkreuz führte nach nun mehr als 3000 Kilometern in die Zielgerade. Hinten in unserem Kangoo türmten sich die mitgeführten Bananenkartons. Gute Freunde erwarteten uns. Noch wenige Kilometer Richtung Norden. Was würde uns erwarten? Eine alte und doch wieder neue Heimat?

Nachdem wir auch die Grenze nach Österreich ohne jeden Zoll und Ausweispapiere passiert hatten (hier sieht man wiederum die Vorzüge der EU), begaben wir uns auf den Weg Richtung Arlberg und fuhren durch den langen Tunnel in Renates Heimat Vorarlberg. Hier wollten wir bei einer befreundeten Familie zunächst ein paar Tage einkehren, bevor wir uns auf den endgültigen Weg nach Deutschland machten. Die Tage im „Ländle" (wie es Renate und ihre Mit-Einheimischen liebevoll nennen) waren gefüllt mit guten Begegnungen, einer erfrischenden Radtour für mich und gutem Essen. Natürlich tauschten wir mit unseren Freunden über unsere in Asien gemachten Erfahrungen aus und zeigten mitgebrachte Fotos. Vielleicht half es auch uns schon etwas, die Vergangenheit zu verarbeiten. Hanna konnte mit den Kindern der Familie und deren Freunden spielen, was uns auch etwas mehr Luft gab. Eigentlich gingen diese Tage viel zu schnell vorbei und es nahte der Aufbruch nach Deutschland. Auch hier warteten bereits Freunde auf uns und hielten ein vorübergehendes Quartier für uns bereit. Noch einmal hieß es den Wagen packen und aufbrechen an unseren eigentlichen Zielort, den Niederrhein. Weitere ca. 700 Kilometer führten uns vorbei am Allgäu, Stuttgart, Mainz, Koblenz und Köln. Die letzten Kilometer nach Krefeld zogen sich lange und das Wetter war nun auch ganz anders als am Mittelmeer. Müde und abgespannt wurden wir von unseren Freunden liebevoll empfangen. Das Quartier für unsere ersten Monate hier in Deutschland hatten sie wirklich nett hergerichtet. Da waren wir nun, in unserer neuen Heimat. Zu Hause fühlte ich mich aber bei Weitem nicht. Wo war eigentlich zu Hause für uns? Mit Dankbarkeit für die Bewahrung auf der langen Reise, aber auch vielen Fragen an die Zukunft schlief ich in dieser Nacht ein. Renate war weiterhin mehr optimistisch als ich selbst. Hanna schlief in ihrem vorübergehenden, eigenen Zimmer. Was wohl das Kinderherz in dieser ersten Nacht an diesem Ort bewegte?

Bereits in unseren ersten Tagen in unserer neuen-alten Heimat wurden wir in den dortigen Alltag mit hineingenommen. Es galt sich zunächst polizeilich anzumelden, dann auch andere Behördengänge zu erledigen, erste Einkäufe zu tun und sich persönlich in unserem neuen Zuhause einzurichten. Natürlich besuchten wir auch Freunde, die wir zum Teil lange nicht mehr gesehen hatten. Eins der ersten Dinge, die mir und wohl uns allen an Deutschland auffiel, war das gesteigerte Lebenstempo. Obwohl wir ja noch nicht einmal in Schule bzw. Beruf standen, wurden wir fast unweigerlich in dieses mit hineingenommen. Von der Türkei her waren wir es gewohnt, dass man sich fast an allen Orten Zeit nahm für Begegnungen, den obligatorischen Tee trank, Tagesereignisse besprach usw. Die Beziehungen standen höher als die Arbeit und Leistung. Hier in Deutschland schien es genau umgekehrt zu sein. Jeder hat sehr viel zu tun, seine Dinge zu erledigen, und wo man dem anderen begegnet, beschränkt man sich meist auf den Austausch einiger netter Worte. Selbst zuvor in Österreich schien mir dies noch anders gewesen zu sein. Ja, ich hatte rückblickend fast den Eindruck, dass je weiter wir auf unserer langen Reise Richtung Norden vorgedrungen waren, das Leben schneller und die Beziehungen härter geworden waren.

Für Hanna war es mittlerweile Zeit geworden, an ihre neue Schule zu denken. Wir alle wussten, dass dies für unsere Kleine ein ganz und gar nicht leichter Schritt werden würde. Von der fünften Klasse in der Türkei sollte es direkt in die sechste Klasse eines Gymnasiums in Krefeld-Uerdingen gehen. Interessanterweise war das Gymnasium Fabritianum sogar die Schule, an der ich selbst vor nun fast 30 Jahren das Abitur absolvierte. Nun sollte also unsere Tochter auf die gleiche Schule gehen… Ich hatte bereits bei einem kurzen, vorherigen Besuch in Deutschland mit dem jetzigen Schulleiter gesprochen und auch von der Türkei noch per Telefon mit Hannas zukünftiger Klassenlehrerin telefoniert. In den Tagen vor dem Schulbeginn konnte man unserer Tochter schon die vorhandene Anspannung anmerken. Zwar hatte sie bereits bei einem längeren Aufenthalt in Deutschland das hiesige Schulsystem kennengelernt, in dieser Zeit aber nicht nur gute Erfahrungen gemacht. Am ersten Schultag begleitete ich Hanna dann zur für sie neuen Schule. Wir waren gebeten worden, Hanna zum Sekretariat zu bringen, und warteten dann im Eingangsbereich auf das Erscheinen ihrer neuen Klassenlehrerin. Diese kam dann auch nach kurzem Warten und machte auf mich gleich einen recht netten Eindruck. Ich übergab Hanna nach einem kurzen Gespräch in ihre Hände und machte mich auf den Weg zurück. Es war ein eigenartiges Gefühl. Ja, dies war wirklich ein neuer Lebensabschnitt.

Als „Greis" unter Referendaren? – Meine lange Schulbank

Langsam ließ ich meinen Blick in die Runde schweifen. Der kleine Festakt zur Einführung der neuen Lehramtsanwärter hatte gerade begonnen. Die Aula des örtlichen Gymnasiums war ungefähr zur

Hälfte gefüllt, ein klassisches Klavierstück gehörte mit zur Eröff-
nung der Feier. Noch einmal schaute ich mich um nach anderen
Referendaren, die so wie ich etwas fortgeschrittenen Alters sein
könnten. Oder würde ich der einzige „Greis" in der Gruppe sein?
Erleichtert stellte ich fest, dass auch einige der anderen Lehramtsan-
wärter nicht ganz „taufrisch" aussahen und vielleicht auch so wie
ich schon Familie hatten. Diese Sorge war mir also genommen. Nun
konnte ich etwas mehr auf die Sache konzentriert der Einführungs-
rede folgen. Nun war ich also Beamter auf Widerruf und Referen-
dar. Vorhin noch im Orient und jetzt erneut auf der Schulbank.
Dass die Bank so lang werden würde, hätte ich mir beim Eintritt in
die Grundschule vor einundvierzig Jahren wohl auch nicht träu-
men lassen ...!

Für mich selbst gab es noch eine gewisse „Schonfrist". Die
Einstellung der neuen Referendare war durch die Bezirksre-
gierung Düsseldorf zwei Wochen nach Schulbeginn gelegt
worden, damit die fertigen Lehrer dann nach ihrer abgeschlos-
senen Ausbildung gleich an das neue Arbeitsverhältnis an-
schließen konnten. Ich hatte aber bereits vor einigen Tagen
meiner Ausbildungsschule, der „Ter-Meer-Realschule", ebenfalls in Krefeld-Uerdingen, einen kleinen Besuch abgestattet.
Die Schule war mir selbst zwar relativ unbekannt, wurde aber
in Gesprächen zuvor öfter positiv erwähnt. Auch kannte ich
einige ehemalige Schüler von früher her. Nachdem ich den
Eingangsbereich der Schule betreten hatte, suchte ich mich an
den Hinweisschildern zu orientieren und fand den Weg zum
Sekretariat. Direkt neben diesem befand sich das Büro der
stellvertretenden Schulleiterin. Hier stellte ich mich als neuer
Referendar vor. Sicherlich war die Schule bereits zuvor durch
meine Unterlagen darauf aufmerksam geworden, dass ich
nicht gerade ein „gewöhnlicher" Referendar war. Schon mein
Alter wies ja auf die Tatsache hin, dass der Referendarzeit einiges andere vorausgegangen sein musste. Nach einem kurzen
Gespräch zeigte die Konrektorin mir dann in einem Schnell-
durchgang die wesentlichen Räume der Schule, u.a. natürlich
auch den Fachraum Biologie und die Sporthalle als meinen

zukünftigen Wirkungsstätten. Auch das Lehrerzimmer lernte ich bei unserem Rundgang kennen. Hier kamen wir etwas ins Gespräch über die Inhalte der Referendarzeit. Es sei schon eine herausfordernde Zeit, meinte die Konrektorin. Und der letzte Auszubildende hier an der Schule hätte es nicht geschafft ...

Da ich von unserer Zeit in Asien und auch schon zuvor manche Herausforderungen des Lebens kennengelernt hatte, warf mich diese Aussage aber nicht um. Eigentlich war ich sogar recht zuversichtlich, was die Inhalte und die Herausforderungen dieses zweiten Teils der Lehrerausbildung betraf. Eine Aussage wie „Das schaffst du nie" war für mich auch früher schon eher ein positiver Leistungsverstärker. Auch dachte ich, dass meine Erfahrungen aus der Türkei mir speziell im interkulturellen Bereich sehr viel helfen könnten. Und fließend Türkisch zu können würde wohl hier am Rande des Ruhrgebietes in der Schulwelt nicht von Nachteil sein ...

Neben der Ausbildungsschule nimmt das Lehrerseminar während der Referendarzeit eine sehr wichtige Stellung ein. Hier werden die theoretischen Grundlagen der Ausbildung gelegt. Seminar- und Fachleiter versuchen in gemeinsamer Arbeit und Kooperation mit den Ausbildungsschulen den Referendar auf seine verantwortliche Tätigkeit in der Schule vorzubereiten. Mein für unsere Schulen zuständiges Lehrerseminar der Sekundarstufe I befindet sich in Mönchengladbach. Da es unweit des dortigen Hauptbahnhofes liegt und der Verkehrsfluss in den Ballungszentren ja auch manchmal eher stockend ist, entschied ich mich, für die Anreise dorthin jeweils den Zug zu benutzen. So machte ich mich also am Morgen des 25. August 2008 auf den Weg zu meinem ersten Tag am Lehrerseminar. Eine meiner ersten Ängste, nämlich als im Alter fortgeschrittener, schon eher grauhaariger Mann allein unter vielen jungen Leuten zu stehen, konnte ich recht bald als gegenstandslos abtun. Ich war nicht allein auf weiter Flur. Bald schloss ich Kontakt mit einem anderen „betagten" Referendar, der ebenfalls bereits Familie hatte und aus Rumänien nach Deutschland gekommen war. Nach einer offiziellen Einführung fand ich bald gute Aufnahme in meinen beiden Fachseminaren. Sowohl im Bereich der Biologen als auch der Sportler gab es eine nicht zu große Zahl von Teilnehmern und somit auch bessere Möglichkeit zum persönlichen Austausch. Wie ich es bereits zuvor, zum Beispiel im Studium in Köln, bemerkt hatte, ging es unter den Sportlern noch eine Ecke lockerer zu und der Leiter dieses Fachseminars machte nun wirklich nicht einen gestressten Eindruck…

In den nachfolgenden Wochen nahm ich dann meine Arbeiten sowohl in meiner zuvor beschriebenen Ausbildungsschule wie auch im Lehrerseminar auf. Zunächst ging es dabei darum, das „Handwerkszeug" des Lehrers zu lernen. In den ersten Schritten dazu halfen mir vor allem meine beiden Ausbildungslehrer. Frau Heinzelmann war mir für den sportlichen Bereich zugeordnet und Herr Winklhöfer für den der Biologie. Beide verstanden es, mich recht persönlich in das Ganze hineinzuführen. Am Anfang durfte ich für eine Zeit ihren eigenen Unterricht als Zuschauer besuchen, danach ging es jedoch an die ersten eigenen Versuche. Dies alles begleitend versuchte das Lehrerseminar Hilfestellungen zur guten Vorbereitung der eigenen Unterrichtsstunden zu geben. Unterrichtsentwürfe werden erstellt und verglichen, gehaltener Unterricht reflektiert und auch bewertet. Mit späteren ca. zwölf Unterrichtsstunden pro Woche lag man zwar weit unter der vollen Stundenzahl eines fertigen Lehrers, aber diese Stunden sollten in der Regel auch gut vorbereitet und durchdacht werden. Von Zeit zu Zeit gab es auch sogenannte „Unterrichtsbesuche", d.h. Ausbilder aus dem Lehrerseminar besuchten meinen Unterricht. Dieser wurde dann nach der gesehenen Stunde sehr ausgiebig besprochen, reflektiert und bewertet. Während meiner Ausbildung konnte ich die Inhalte derselben und auch meine eigenen Haltungen und Stimmungen mit einer sogenannten „Ausbildungskoordinatorin" besprechen. Frau Weiß bemühte sich, mich gut in dem zu begleiten, und so hatte ich eigentlich ein ganz gutes Team um mich herum. Auch unser Schulleiter, Herr May, machte auf mich einen kompetenten und netten Eindruck. Manchmal saßen auch wir in seinem Chefbüro zusammen, um über einige aktuelle Dinge meiner Ausbildung zu sprechen.

Eine Kollegin freute sich ganz besonders über mein Erscheinen im Lehrerzimmer, und das war unsere türkische Lehrerin Filiz. Sie fragte sogar einmal unsere Konrektorin, wo sie denn diesen Schatz aufgetrieben hätte und sprach recht gerne mit mir über die Türkei, die Menschen dort und hier. Allgemein schien sie aber eher desillusioniert über ihre Aufgabe als Lehrerin. Hin und wieder sprachen wir auch mal ein paar Sätze Türkisch miteinander, was aber, wie ich später erfuhr, wohl an der Schule im Allgemeinen nicht erwünscht war. Auch die türkischen Schülerinnen und Schüler waren angewiesen, miteinander nicht in ihrer Landessprache zu sprechen. Ich hatte mich eigentlich darauf gefreut, in der Schule hin und wieder auch mal etwas von meinen türkischen Sprachkenntnissen einfließen zu lassen, hatte aber Verständnis für diese Regel. An anderer Stelle konnte ich dann aber dennoch mein durch so viele Auslandsaufenthalte und manche Bücher erworbenes interkulturelles Verständnis in den Schulalltag einbringen. Zum Beispiel mühte ich mich im Rahmen einer Hausarbeit, viele verschiedene Spiele aus anderen Kulturen zu sammeln und auf den Sportunterricht in der Schule zu übertragen. Mein Wunsch war dabei, dass unsere Schulkinder durch die Spiele aus den verschiedensten Kulturen auch ein besseres Verständnis und einen Zugang zum manchmal noch so fremden „Nächsten" aus Afrika, Asien oder anderen Erdteilen bekommen. Dabei wurden solche Unterrichtsreihen wie „Das Kontinentenspiel", „Die Multi-Kulti Staffel", der „Ball der Nationen" und „Weisheit in Aktion" geboren. Heute verwende ich manche dieser Spiele in meinem Sportunterricht.

Auch an einer anderen Stelle konnte ich einen, wie ich denke, guten Vorschlag nicht in unsere Schullandschaft einbringen. Mir hatte in der Türkei sehr die nette und farblich abgestimmte Schulkleidung der einzelnen Schulen gefallen. Jede Schule hat hier ihr eigenes Sortiment für die Jungen und

Mädchen ihrer Schule. Von Hanna bekam ich nun schon zu Beginn ihrer Zeit an ihrem Gymnasium mit, wie unter den Kindern ihrer und wohl auch anderer Klassen fast ein Wettbewerb um die modischsten und besten Kleidungsstücke läuft. Viel Zeit wird da vor dem Spiegel verbracht und manches Geld verbraucht, um gegenüber den Klassenkameraden nicht zurückzustehen oder sie gar in Sachen neuster Mode zu übertrumpfen. Auch an meiner Ausbildungsschule schien das nicht viel anders zu sein. Eines Tages zeigte ich unserem Direktor daraufhin einmal ein Foto unserer Tochter in ihrer, wie ich und manch andere meinen, wirklich netten Schulkleidung aus der Türkei. Er bedankte sich für die Anregung und fragte, ob er das Foto für eine Zeit behalten könne. Er wollte diesen Gedanken wohl mit anderen besprechen. Allerdings bekam ich das Bild dann kurze Zeit später mit dem Hinweis zurück, dass sich dies wohl nicht verwirklichen ließe. Unsere zweite Konrektorin meinte etwas später im Hinblick auf diese Sache, dass das mit der Schulkleidung wohl nicht schlecht sei, aber keine Sache für Deutschland.

Ich stellte schon zu dieser frühen Zeit in Deutschland fest, dass ich mich gerne in der Gesellschaft von Menschen aus anderen Kulturen bewegte. Das galt nicht nur für solche aus der Türkei, sondern auch für andere aus den verschiedensten Erdteilen. Irgendwie konnte ich diese Menschen gut verstehen, hatte gleich einen Draht zu ihnen. Ja, irgendwie war ich sogar einer von ihnen. Zwar war Deutschland mein Heimatland und ich war hier aufgewachsen. Ich lebte sogar an meinem Geburtsort. Unsere Tochter ging in die gleiche Schule wie ich. Die Straßen und Häuser sind mir bekannt und viele der Menschen um uns herum kenne ich noch, obwohl wir alle gealtert sind. Im Sportverein um die Ecke habe ich Fußball gespielt und als Jugendlicher bin ich mit meinem Moped durch die Straßen gesaust. Und doch fühle ich mich fremd. Ich bin ein Ausländer – oder wie man heute sagt: Ein Mensch mit Zuwanderungsgeschichte. Und von diesen sollte ich in nächster Zeit ganz viele treffen. Ich wurde unter ihnen zum Exoten …

Multi-Kulti und ein ungewöhnliches Netzwerk

Langsam stieg aus irgendwelchen im Raum versteckten Düsen wei-
ßer Nebel auf. Rhythmisch und laut klang die arabisch-orientalische
Musik über die kleine, gut gefüllte Tanzfläche. Auf der bewegten sich
die meist etwas jüngeren Lehrerinnen und Lehrer aus den verschie-
densten Ländern mit Tanzbewegungen unterschiedlichster Art. Auch
da kam sicherlich die jeweilige Kultur etwas zum Tragen. Wir waren
als Netzwerk in die VIP-Lounge des örtlichen und sehr modernen
Fußballstadions eingeladen worden. Zu solchen Klängen hatte ich
wohl noch nie getanzt. Das, was dem hier am nächsten kam, war
wahrscheinlich eine Reggae Party während meiner Kölner Studen-
tenzeit. Und das lag ca. 25 Jahre zurück. Ich mochte die Leute hier
– und „unser" Netzwerk. Sollte ich es wagen? Langsam, aber nun
etwas zuversichtlicher betrat ich die Tanzfläche. Neuer Nebel stieg
aus den Düsen auf. Zumindest würde man mich nicht ganz klar
sehen können…

Bereits in den ersten Monaten unserer Ausbildung erreichte
uns durch das Lehrerseminar eine Einladung der RAA (Regi-
onale Arbeitsstellen zur Förderung von Kindern und Jugendlichen aus Zuwandererfamilien) Mönchengladbach in Verbindung mit der Landesregierung Düsseldorf. Die Leiterin eines
sogenannten „Netzwerkes der Lehrkräfte mit Zuwanderungsgeschichte" wollte aus Düsseldorf kommend zu interessierten
Referendaren in Mönchengladbach sprechen. Obwohl ich von
der Definition her sicher hier in Deutschland keine Lehrkraft
mit Zuwanderungsgeschichte bin, interessierte mich diese
Vorstellung von Beginn an sehr und ich beschloss, trotz vieler
anderer Arbeiten und mancher Termine daran teilzunehmen.
Ich habe es bis heute nie bereut. Am besagten Tag fanden sich
angehende Lehrer aus verschiedenen Ländern in dem bereitgestellten Seminarraum ein. Wir warteten einige Zeit auf die
uns angekündigte Referentin, da diese wohl irgendwo hängen-
geblieben war. Schließlich traf die noch recht junge Frau ein,
entpuppte sich als eine Lehrerin mit italienischer Zuwanderungsgeschichte und brachte einen sehr frischen Wind in un-

sere Runde. Zunächst erklärte sie uns den Sinn des damals noch recht jungen Netzwerkes: Die Landesregierung Nordrhein-Westfalen hatte in den letzten Jahren wahrgenommen, dass ein deutliches Defizit besteht hinsichtlich der Zahl der Schülerinnen und Schüler mit einer Zuwanderungsgeschichte und der demgegenüber verschwindend geringen Häufigkeit von Lehrerinnen und Lehrern, die selbst aus einem solchen Hintergrund kommen. Mit dem Ziel, in den kommenden Jahren die Zahl der Lehrkräfte mit einer eigenen Zuwanderungsgeschichte deutlich zu steigern, wolle man nun in Zusammenarbeit mit der RAA junge Menschen aus Migrantenfamilien für den Lehrerberuf werben. Gleichzeitig möchte man aber auch durch die so gewonnenen neuen Lehrkräfte diese als eine Art Beispiel für gelungene Integration und erfolgreiche Absolvierung der schulischen Laufbahn in Deutschland vor den Schülerinnen und Schülern hervorheben. Frau Dr. Zeoli konnte uns dieses Projekt auf eine sehr gute und lebendige Weise nahebringen, und von Anfang an hatte ich den Eindruck, dass ich in diesem Netzwerk am richtigen Platz sei. Allerdings war ich ja streng genommen nicht unbedingt ein Kandidat für die Zielgruppe dieses Arbeitskreises. Nach einigen Fragen und weiteren Erklärungen von Dr. Zeoli nahm diese gegen Ende der Veranstaltung noch die Gelegenheit wahr, zur Mitgliedschaft in dem heute präsentierten Netzwerk einzuladen. Die Teilnehmer der Veranstaltung nahmen dies zur Kenntnis und ich zum Anlass, Frau Dr. Zeoli in den nächsten Tagen eine Mail mit Bitte um Aufnahme in das Netzwerk der Lehrkräfte mit Zuwanderungsgeschichte zu schreiben. Auf ihre in unserer nachfolgenden Kommunikation gestellte Frage nach der Art meiner Zuwanderungsgeschichte erzählte ich ihr von unserer langen Zeit in der Türkei und meinem Wunsch, im Netzwerk mitzuarbeiten. Wir verstanden uns auf Anhieb und bis heute verbindet uns eine gute Freundschaft. Das Netzwerk gab mir dann schon recht bald einen mir sehr wohltuenden Ausgleich zu der Nüchternheit und manchmal leider auch menschlichen Härte, die ich nach unserer langen Zeit in Asien nun hier in Deutschland zuweilen empfand. Der

Umgang und das mehr ungezwungene Miteinander im Netzwerk taten mir wohl und es war bei einigen gemeinsamen Aktivitäten und Arbeiten beeindruckend, was durch eine solche zielgerichtete, interkulturelle Arbeit alles geschehen kann. Wir trafen uns in den folgenden Monaten auf der Netzwerk-Jahrestagung im großen Kreis, betreuten einen Stand des Netzwerkes auf einer Lehrertagung in Dortmund und als Familie nahmen wir teil an einem sogenannten „Schülercampus" in Düsseldorf. Ziel des Letzteren war, vor dem Abitur stehende Schülerinnen und Schüler mit Zuwanderungsgeschichte für den Lehrerberuf zu interessieren. In Paderborn gab es dann zuletzt noch ein bundesweites Treffen von solchen aus Politik und Wirtschaft, die unser inzwischen über die Landesgrenzen bekannt gewordenes Netzwerk auch auf andere Bundesländer in Deutschland übertragen möchten. Inzwischen hat man sogar in anderen europäischen Ländern die Grundgedanken unseres zu Beginn so kleinen Netzwerkes aufgegriffen und möchte sie auf das eigene Land übertragen. Unser Netzwerksprecher Cahit Basar, selbst mit türkischer Zuwanderungsgeschichte, wurde dazu auf eine Zusammenkunft nach England eingeladen. Neben den Aktivitäten im Netzwerk gibt es aber immer wieder auch Raum zu guten, persönlichen Begegnungen. Auch da kann der Erfahrungsaustausch unter den verschiedenen kulturellen Hintergründen sehr bereichernd sein. Und – man feiert gern. Selten habe ich so ein Feuerwerk von guter Laune, Tanz und bunter Kreativität gesehen wie bei einigen Feiern unseres Netzwerkes. Da kann Integrationsarbeit richtig Spaß machen…

In der Zwischenzeit hatte ich natürlich hier in Deutschland gemerkt, dass auf anderen Ebenen das Miteinander der Kulturen hier bei uns im Land nicht nur von eitlem Sonnenschein geprägt ist. Da musste nicht erst Thilo Sarrazin sein vieldiskutiertes Buch schreiben, um jede einigermaßen aufgeweckte Person im Land erkennen zu lassen, dass viel Brisanz herrscht im Blick auf die inzwischen allgemein bekannten Fragen der Integration und Vermeidung von bundesdeutschen Parallelgesellschaften. Ich brauchte nicht weit zu schauen, um diese Pro-

blematiken unmittelbar vor Augen zu haben: Meine Heimatstadt Krefeld hier am linken Niederrhein steht nach einer Er-
hebung von Dezember 2006 mit einem Anteil von 32,9% der
Stadtbevölkerung im Blick auf Menschen mit einer Zuwanderungsgeschichte an zweiter Stelle in ganz Nordrhein-Westfalen. Und das vor anderen Städten wie Dortmund, Düsseldorf
und Köln, wo man es vielleicht noch mehr vermutet hätte.
Auch in meiner Ausbildungsschule konnte ich deutlich Ten-
denzen zur Gruppenbildung zwischen den deutschen Schülerinnen und Schülern und solchen mit einer Zuwanderungsgeschichte feststellen. Es gab also potenzielle Arbeit für uns, die
wir ja selbst mit einer Zuwanderungsgeschichte unter einem
uns zunächst sehr fremden Volk gelebt hatten. Wir konnten
und können diese Menschen verstehen, die sich mit vielleicht
großen Hoffnungen hier nach Deutschland aufgemacht haben. Nicht wenige haben sich aus den unterschiedlichsten
Gründen bislang nicht in die Bundesrepublik integrieren können. Fehler wurden und werden, das ist klar, auf beiden Seiten
gemacht. Wir als „deutsch-türkische Familie" können da verstehen und vermitteln. Doch zunächst mussten wir erst mal
unseren eigenen Kulturschock Deutschland überwinden…

2. Kulturschock „at home"

Von Beziehung nach Leistung

„Die Menschen sind hier wie Roboter. Auch die hier lebenden Türken sind nicht anders. Morgens zur Arbeit, spät zurück. Essen und etwas Fernsehen, dann fängt es wieder von vorn an." Ich verstand, was er meinte. Der Mann hatte mir bei dieser kurzen Schilderung seiner Gefühlswelt direkt in die Augen geschaut. Er Türke, ich Deutscher. Es blieb nicht die einzige Begegnung dieser Art. Ich glaube, die Menschen verstehen, dass ich sie verstehe...

Vor unserer Ausreise in die Türkei hatte ich an einigen Seminaren teilgenommen, in denen auf das Leben in einer anderen Kultur vorbereitet wurde. Anhand verschiedener Themen und manchmal auch mit Hilfe von Medien wurden hier die Teilnehmer auf die möglichen Eigenarten der neuen Kultur, zu erwartende Schwierigkeiten und hilfreiche Umgangsformen aufmerksam gemacht. Ein Begriff, der in solchen Seminaren recht häufig zur Sprache kam, war der sogenannte „Kulturschock". In diesem Zusammenhang wurde anhand verschiedener, meist aufeinander folgender Phasen deutlich gemacht, wie die Anpassung an eine neue Kultur bei vielen Menschen verläuft. Nach diesen Ausführungen gibt es zunächst eine Phase der Faszination im Blick auf die Andersartigkeit der neuen Kultur, in der man nun einzutauchen beginnt. Dieser Phase folgt dann aber eine Zeit die Ernüchterung. Man erkennt nun auch Stück um Stück Eigenarten der anderen Kultur, die einem nicht gefallen und vor denen man sogar Angst hat. Hier kann es unter Umständen zu einer mehr oder weniger großen Ablehnung der neuen Umgebung und ihrer Menschen kommen. Entschließt man sich aber, trotz dieser Schwierigkeiten und manch Sonderbarem in dieser Gastkultur mit den Problemen umzugehen und nicht vor ihnen zu fliehen, folgt in der Regel eine dritte Phase der Anpassung. In dieser lernt der Mensch die Gegebenheiten des

Umfeldes mehr nüchtern und objektiv zu betrachten, der Kultur und ihren Menschen begegnen und sie schätzen zu lernen.

Rückblickend auf die letzten ca. zwanzig Jahre meines Lebens, unsere damalige Ausreise in die Türkei und die im Sommer 2008 erfolgte Rückkehr nach Deutschland, muss ich sagen, dass die Rückkehr in mein Heimatland für mich viel eher einen Kulturschock bedeutete als der Wechsel damals in die Türkei. Auch wenn man das alte Umfeld zu kennen glaubt und so wie ich sogar seine Kindheit und Jugend dort verbracht hat, sieht man es noch einmal mit ganz anderen Augen, wenn man für eine lange Zeit in einer anderen Kultur gelebt und sich dort an viele Dinge angepasst hat. Vielleicht trägt auch das Überraschungsmoment dazu bei; erwartet man doch nicht unbedingt viele Schwierigkeiten, wenn man sich in sein früheres Umfeld begibt. Aber auch dieses ist ja in seiner Entwicklung nicht stehengeblieben und hat sich weiterentwickelt. Und das manchmal in Richtungen, die man nicht vermutet hätte und hier und da auch nicht zu teilen weiß …

Bereits vor unserer Rückkehr nach Deutschland führte ich einige Gespräche mit einem Freund, der ebenfalls mehrere Jahre in einem asiatischen Land gelebt hatte und dann mit seiner Familie nach Deutschland zurückgekehrt war. Er riet mir, den Schritt in das Heimatland als nicht zu einfach zu sehen und mir besonders bewusst zu machen, dass wir als Familie von einer beziehungsorientierten Kultur (Türkei) in eine leistungsorientierte Kultur (Deutschland) wechseln würden. Dessen war ich mir bewusst und doch überraschte es mich vielleicht, wie wenig beziehungsorientiert sich mir mein Heimatland in den folgenden Monaten präsentieren würde …

Meine ersten Zugfahrten zum Lehrerseminar in Mönchengladbach waren da ein gutes Beispiel. Die dorthin führende Regionalbahn war je nach Tageszeit mehr oder weniger mit jungen und älteren Menschen gefüllt. War der Zug am Anfang meiner Fahrt manchmal noch relativ mäßig besetzt, konnte man bei den Zusteigenden beobachten, dass in aller Regel die neu hinzusteigenden Reisenden den Sitzplatz wählten, der am meisten von den anderen Reisenden entfernt war. Bevorzugter Platz war dabei in der Regel der, wo man für sich allein in einer Vierergruppe sitzen konnte. Erst, wenn hier alle Einzelplätze belegt waren, setzte man sich zu anderen Gästen hinzu. Meistens geschah dies ohne ein Aufblicken des bereits sitzenden Fahrgastes. Auch der neu hinzukommende Reisende begrüßt eher selten die nun ihm gegenüber sitzende Person. Auch sonst verhalten sich die so miteinander fahrenden Reisenden still und bislang einander unbekannte Menschen kommen sich hier wohl höchst selten einander näher. Wie anders würde eine solche Zugfahrt wohl in einigen asiatischen oder gar afrikanischen Kulturen verlaufen …

Trat ich meine Fahrten zum Seminar bereits je nach Unterrichtseinheit früher an, wählte ich manchmal die Zugverbindung, die auch viele Schüler unserer Stadt zu ihrer weiterführenden Schule oder auch Berufsschule nutzen. Bei diesen jüngeren Mitreisenden stellte ich fest, dass der überwiegende Teil mit MP3-Player und Kopfhörer versehen den Zug betraten. Ein Gespräch mit anderen im Zug schien da von vornherein nicht vorgesehen zu sein. Für jemanden, der zuvor viele Jahre im Ausland gelebt hat, sind solche Entwicklungen in seinem Heimatland vielleicht viel augenscheinlicher als für andere, die über Jahre hinweg diese Dinge mitverfolgen.

Zu Beginn unserer Zeit traf ich auch hier und da in den Städten auf Passanten, die für mein damaliges Verständnis auf der Straße „mit sich selber sprachen". Das diese für mich zu der Zeit sehr merkwürdig wirkenden Gestalten moderne Kommunikationsmittel in ihrem Ohr gebrauchten, wurde mir erst später bewusst …

Bis heute wundere ich mich auch immer wieder mal über die relative Menschenleere in unserem Wohngebiet. Nach einem ersten, vorübergehenden Aufenthalt bei guten Freunden bezogen wir ja als Familie das Haus meiner verstorbenen Großeltern. Hier hatte ich einen Teil meiner Kindheit und Jugend verbracht und kannte viele Gegebenheiten noch von früher. Jedenfalls dachte ich das. Jedoch fällt mir auf, dass selbst in den wärmeren Monaten des Jahres (in den oft nasskalten Tagen der Wintermonate könnte man es ja noch gut verstehen) auf unserer Straße eher selten Menschen zu sehen sind. Und das zu den unterschiedlichsten Tageszeiten. Ich erinnere mich an Kindheitstage, wo wir vor den Häusern unserer Straße spielten und die Erwachsenen draußen auf den Treppen ihres jeweiligen Hauses im Gespräch miteinander waren. Solche Zeiten scheinen zumindest hier in unserem Viertel der Vergangenheit anzugehören.

Etwas, was ich auch recht bald bemerkte, war die Abwesenheit der kleinen Geschäfte „um die Ecke". Noch in der Türkei waren diese für die Nachbarschaft öfter ein Ort des Austausches, des kurzen Gesprächs und der Weitegabe von Neuigkeiten. Hier kannte man sich, vertraute einander und ließ auch mal etwas anschreiben. Zwar waren die Preise bei einigen Artikeln erheblich teurer als im weiter entfernten Supermarkt, aber man nahm dies ob des menschlichen Miteinanders und der Nähe zum Laden in Kauf. Auch war es uns manchmal wichtig, den Bestand dieser kleinen Läden in unserer Nachbarschaft zu fördern. Bereits bei früheren Aufenthalten in Deutschland hatten wir gesehen, wie diese Geschäfte um die Ecke mehr und mehr verschwanden und dafür die großen Supermärkte zunahmen. All dies sind aber wohl Entwicklungen, die sich auch in einem Land wie der Türkei in Zukunft kaum werden aufhalten lassen.

Auch der örtliche Wochenmarkt war hier in Deutschland ganz anders geartet als der für uns gewohnte „Bazar" in der Türkei. Kannten wir von dem her ein munteres und oft recht lautes Treiben in den Marktgassen und um die einzelnen Stände, war es für uns auf dem deutschen Wochenmarkt fast „gespenstisch" still. Kaum wurden hier die Produkte der Stände angepriesen und auch Verkaufsgespräche verliefen für unsere noch orientalisch geprägten Augen und Ohren merkwürdig bedächtig und leise. Kannten wir von Mugla her die laut rufenden Marktschreier, die mit manchmal fast blumigen Worten ihre Ware anpriesen, schienen die hiesigen Händler fast nicht am Verkauf ihrer ausgelegten Ware interessiert.

Türkei am Rhein

Der neu über eBay erstandene Samowar passte wirklich gut in die Ecke. Türkische Volksmusik erklang leise aus den beiden kleinen Lautsprechern. Die Hütte vermittelte nun nicht nur einen Hauch von Orient. Zwei Lampen vom Bazar in Istanbul hatte ich noch von einer türkischen Nachbarin bekommen. Wenn die dann hängen, werden sich einige meiner Gäste wohl noch mehr zu Hause fühlen. Und mir tut das besondere Flair des Raumes auch gut. Es vermittelt mir ein Stück Asien. Türkei ohne Orient …

Nicht nur unser Auto ermöglichte uns die Begegnung mit der kulturellen Vielfalt unseres Landes. Schon an unserem jetzigen Wohnort gibt es, wenn wir es wollen, für uns mehr als genug Möglichkeiten, in die altgewohnte orientalisch geprägte Umgebung einzutauchen. Da ist zunächst mal die nur ca. 100 Meter von unserem Haus entfernte kleine türkische Moschee. Das Gebäude, das zuvor der sogenannte Milchhof unseres Stadtteils war, wurde vor bereits mehr als zehn Jahren von einem der türkischen „Kulturvereine" gekauft und für die Zwecke einer islamisch-religiösen Begegnungsstätte umgebaut. Ich bin manchmal erstaunt, wie viele gemeinschaftliche Aktivitäten der hiesigen türkischen Bevölkerung in dieser Moschee ihren Platz haben. Neben den festgelegten Gebetszeiten der islamischen Gemeinde finden in den Nebenräumen der Moschee Kinder- und Jugendtreffs statt, gibt es unterschiedliche Musikgruppen, Korankurse und auch ein typisch türkisches Café, in dem neben dem Trinken des bekannten Schwarztees auch die Tagesereignisse ausgesprochen und diskutiert werden. In den wärmeren Monaten findet einiges an Leben auch vor der Moschee statt und man sieht fast so wie in der Türkei auch die älteren Männer auf einer Bank vor der Gebetsstätte sitzen und einander die Neuigkeiten erzählen. Die Moschee versucht durch regelmäßige Tage der offenen Tür und kleine Bazare auch in der deutschen Bevölkerung bekannt zu werden, scheint da jedoch bislang weniger erfolgreich. Wir haben in unserer bisherigen Zeit manchmal die Moschee und die türkischen Freunde dort besucht. Einmal trafen wir uns auch mit dem Vorbeter der Moschee und seiner Familie und hatten eine recht gute Zeit miteinander in dessen privater Wohnung. Natürlich kommt man da auch zu sprechen auf die Gefühle und Haltungen der türkischen Migranten gegenüber den Einheimischen und umgekehrt. Immer wieder merke ich da, dass es wohl auf beiden Seiten an kulturellem Verständnis und auch Zeit wirklich menschlicher Begegnung mangelt. Ich bin der festen Überzeugung, dass sich manches im Miteinander der beiden so anderen Kulturen ändern ließe, wenn man sich Zeit für solche Begegnung nehmen würde. Doch diese Zeit zu finden und zu einer Priorität zu machen scheint in unserem schnelllebigen Land eine der größeren Hürden zu einem positiven Miteinander in der bunten Republik zu sein.

Ein besonderer Bekannter in unserem neuen Leben hier ist mir Alaiddin geworden. Er betreibt einen kleinen Laden im Zentrum unseres Stadtteils. Dieser befindet sich auf der Fußgängerzone und scheint mir ebenfalls nicht schlecht zu laufen. Alaiddin repariert Schuhe und macht Duplikate von Schlüsseln. Kleinere Gebrauchsartikel in ähnlichem Zusammenhang finden sich ebenfalls. Ich lernte meinen türkischen Freund kennen, als ich mich selbst nach unserer Rückkehr nach Deutschland in einem ziemlichen Tief befand. Verglichen mit der Wärme des Orients empfand ich Deutschland als kühl und fremd. Der von mir zuvor beschriebene Kulturschock steckte mir tief in den Gliedern und ich erzählte Alaiddin bei kurzen Besuchen von meinen Empfindungen im Blick auf meine mir gerade so fremd gewordene deutsche Heimatkultur. Ich glaube, Alaiddin konnte mich verstehen. Überhaupt stoße ich unter Türken und anderen Migranten in unserem Land auf mehr Verständnis für solche Fragen als unter vielen meiner deutschen Bekannten. Eine Ausnahme bilden da meist solche unter den Bundesbürgern, die selbst einmal für eine längere Zeit im Ausland gelebt haben. Aber dazu werden wir noch mehr im nächsten Kapitel kommen.

Alaiddin jedenfalls verstand mich. Er musste sogar manchmal herzlich lachen, nachdem ich ihm als ein Deutscher meine

Schwierigkeiten im eigenen Land zu formulieren versuchte. Ich bin sicher, er hätte Gleiches oder Ähnliches in kürzerer Zeit sagen können. Mit der Zeit wurden meine Besuche seltener. Alaiddin fragte mich, immer noch lachend, ob ich nun wieder Deutscher geworden wäre. Zuvor hatte ich ihm erzählt, dass ich vieles zu tun und nicht die Zeit gefunden hätte, ihn zu besuchen. Eine Aussage Alaiddins, die zu denken geben kann. Da spricht jemand, der aus einer beziehungsorientierten Kultur stammt und nicht nur so wie ich für eine, wenn auch längere Zeit seines Lebens in eine solche eingetaucht ist.

Mein bislang letzter Besuch bei Alaiddin liegt erst einige Tage zurück. Wir hatten für Hanna in den Weihnachtsferien in der Türkei Winterschuhe gekauft. Diese waren zwar gut und auch relativ günstig, aber auch an einer Stelle nicht richtig verarbeitet worden. Hanna klagte deshalb über Schmerzen beim Laufen und ich beschloss kurzfristig, Alaiddin in seinem Geschäft aufzusuchen. Hier fand ich ihn fröhlich bei seiner Arbeit, und als er ein Verkaufsgespräch mit einem deutschen Kunden abgeschlossen hatte, fanden wir mal wieder Zeit füreinander. Ich erklärte ihm unser Missgeschick mit den türkischen Schuhen und bald darauf machte sich der Meister an die Arbeit. In kurzer Zeit hatte er nicht nur das Hindernis im Schuh beseitigt, sondern auch noch zwei warme, neue Sohlen hineingelegt. Für all das wollte er nicht einmal einen Lohn, und mit Müh und Not konnte ich zumindest eine Münze in die Kaffeetasse am Tresen befördern. Alaiddin meinte, dass er doch nur den Fehler seiner Landsleute in der Türkei berichtigt habe. Und dafür könne man schließlich doch kein Geld nehmen …

In den letzten Monaten habe ich in den Straßen, Häusern und Geschäften unserer Stadt manches Mal türkische Mitbürger getroffen, die vom Leben hier in Deutschland frustriert oder enttäuscht schienen. Einige von ihnen würden wohl lieber heute als morgen in ihr Heimatland zurückkehren, scheint mir. Doch sind die Familien, besonders auch oft die Kinder, bereits so sehr in der deutschen Kultur verwurzelt und zu Hause, dass an einen erneuten Wechsel zumindest bis zum

Ende des Schulbesuchs nicht zu denken ist. Und danach gibt es oft genug andere Gründe, z.B. Ausbildung oder einen Lebenspartner, die einer Rückkehr in die „Heimat" entgegenstehen. Hinter den Türen manch einer türkischen Wohnung finden sich da Gastarbeiter der ersten Generation, die von einem Ruhestand in ihrer Heimat träumen, jedoch durch ihre Kinder oder manchmal bereits Enkelkinder an das ihnen nie zur richtigen Heimat gewordene deutsche Land gebunden sind. Wahrscheinlich gibt es äußerst wenige, die diese Menschen und ihre Gedanken überhaupt verstehen können. Unweit unseres Hauses lebt ein älteres türkisches Ehepaar, das für den oben beschriebenen inneren Konflikt ein klassisches Beispiel darstellen könnte. Der inzwischen fast siebzig Jahre alte Mann Ismail und seine wenig jüngere Frau verbringen jeweils die Sommermonate in ihrem türkischen Haus nahe des Bosporus. Dort scheinen sie sich wohl zu fühlen und mit einigen Nachbarn in gutem Kontakt zu stehen. Ihre Kinder und Enkelkinder leben hier in Deutschland, was für unsere türkischen Bekannten der Grund ist, ihre Mietwohnung auf unserer Straße zu behalten und dort die Wintermonate zu verbringen. Sie möchten ihren Kindern und Kindeskindern zumindest in diesen Monaten nahe sein. Und doch scheint sie dies allein in dieser Jahreshälfte hier in Deutschland nicht recht auszufüllen. Nur mancherlei Arztbesuche scheinen einen Wechsel in die sonstige Routine des Lebens hineinzubringen. Jedenfalls macht besonders Herr Ismail einen eher unglücklichen, vielleicht sogar depressiven Eindruck in unseren Begegnungen.

Etwas, was manchen türkischen Bekannten hier besonders zu schaffen macht, ist wohl, nach einigen meiner Gespräche zu urteilen, die Routine des Alltags. „Die Menschen leben wie Roboter", sagte mir einmal ein türkischer Mann in einem Restaurant, das von Landsleuten in unserem Stadtteil geführt wird. Und er sagte mir im Nachsatz, dass er das bei der türkischen Bevölkerung Ähnliches sehe wie bei der deutschen. „Da ist kein Unterschied", meint er. Die Menschen arbeiten, essen und schlafen. Viel Abwechslung vermag er darüber hinaus wohl nicht auszumachen. Und diese Beobachtung scheint im Blick auf das Leben in Deutschland gesehen mit türkischen Augen kein Einzelfall zu sein. Monotonie im Alltag und das schnelle Lebenstempo in Deutschland scheinen dem orientalisch-türkisch geprägten Gemüt entgegen zu sein. Als ich einmal nach unserer Rückkehr aus der Türkei und einem meist in Deutschland verbrachten Jahr wieder mit dem Auto und meiner Familie zu einem Sommeraufenthalt in unsere frühere Heimat reiste, konnte ich bereits kurz nach unserer Einreise in die Türkei etwas von diesen Gefühlen verstehen. In Gelibolu, unweit der griechisch-türkischen Grenze, machten wir an einem Abend mit türkischen Bekannten einen Abstecher in eines der am Hafen gelegenen Stadtgebiete. Dort fanden wir, nachdem wir das Auto geparkt hatten, einen pulsierenden und miteinander redenden, handelnden und sich amüsierenden Strom verschiedenster Menschen vor. Der Orient hatte uns wieder, nicht nur in seiner jetzt am Abend schon abgeklungenen Wärme des Hochsommers. Wer nicht in den Straßen und Gassen am Hafen unterwegs war, saß in einem der Cafés und beobachtete Tee trinkend den sich bewegenden Strom von Menschen. Was dem ganzen Treiben dort am Bosporus noch einen weiteren Farbstrich zusetzte, war das fortwährende Ankommen und Ablegen von kleineren oder größeren Fähren, die mit Menschen und Autos bepackt ihren Weg durch die Meeresenge suchten. Die bunten Lichter der Fähren und auch des Hafens gaben dem Ganzen einen weiteren, lebendigen Anstrich. Während wir uns mit vielen anderen Menschen an der Promenade bewegten, führten Straßenhändler zum Teil mit vielen Worten und Gesten ihre Verkaufsgespräche, versuchten Mütter ihre vom regen Treiben eingenommenen Kinder enger an sich zu binden, Väter diesen mit kleinen Geschenken eine Freude zu machen und Großeltern diese hierin sogar noch zu übertrumpfen. Von den anlegenden Bosporus-Schiffen ergossen sich weitere Menschen und Autos in die nicht übermäßig große Hafenstadt. Verglichen mit dem kann einem türkischen Mitbürger das Leben hier im Alltag am Rande des Ruhrgebietes schon etwas trist und grau vorkommen.

3. Von ethnischen Wurzeln, kulturellem Reichtum und Leben auf dem Fluss

Ein breiter Fluss

Ich möchte unsere Zeit als Ehepaar und später Familie in der Türkei jedenfalls nicht missen und empfinde unsere Erfahrungen dort als großen Reichtum. Aber es gab und gibt auch durchaus Schattenseiten des kulturellen Reichtums. Auch davon muss hier die Rede sein. Besonders die Zeit der Wiedereingliederung in die eigene Heimatkultur empfinde ich als hart und keinesfalls leicht. Es ist ein Prozess, den ein hiermit erfahrener Freund Renate und mir vor einigen Tagen mit einem guten Bild beschrieben hat: Der Wechsel von einer Kultur zur anderen ist wie ein Boot, das sich über einen breiten und manchmal stürmischen Fluss auf den Weg zum anderen Ufer macht. Die schwierigste Zeit ist die, in der man sich auf dem Fluss befindet und die Wellen und der Strom manchmal fast unüberwindbar scheinen. Wichtig sei hier, dass man das Tau am Ufer des Ufers löse, von dem man seine Reise angetreten habe. Ohne dies zu tun, könne man den Fluss nicht überqueren und bleibe in den Fluten stecken. Um auf die andere Seite zu gelangen, müsse ich mich auf das andere Ufer einlassen und bereit sein, das mir bekannte Ufer loszulassen. Unser Freund sagte, dass es nach einem ihm bekannten Mittelwert ungefähr ein Drittel der Zeit brauche, die man in einer anderen Kultur verbracht habe, um in der eigenen Kultur wieder richtig anzukommen. Einige Jahre auf einem bewegten Fluss können eine lange Zeit sein …

„Cok yasayan bilmez cok gezen bilir" (Nicht wer lange lebt, weiß viel, sondern wer viel herumgekommen ist – türkisches Sprichwort).

Während ich diese Zeilen schreibe, sitze ich in einem Turkish Airlines Linienflug Richtung Istanbul. Ein guter Freund aus früheren Tagen hatte mich vor einigen Tagen gebeten, ihn auf einer Geschäftsreise in die Türkei zu begleiten. Hin und wieder sind ja inzwischen gute

Türkischkenntnisse auch in geschäftlichen Dingen von Vorteil. Die Türkei ist ein wirtschaftlich aufsteigendes Land und steht auch sonst immer wieder im Blickpunkt des Weltinteresses. Ministerpräsident Erdogan und andere Vorsteher der türkischen Regierung hatten in den letzten Jahren manchmal bedeutende Rollen in zwischenstaatlichen Konfliktlösungsbemühungen. Auch sonst scheint das Land auf dem Vormarsch und der große Prozentsatz an jungen Menschen in der türkischen Republik lässt vermuten, dass die Türkei auch in Zukunft im wirtschaftlichen und politischen Miteinander der Nationen eine wichtige Rolle innehaben wird.

Für uns als Familie ist es in mancher Hinsicht von Vorteil, im Laufe unserer vielen Jahre in der Türkei so umfassende Einsichten in die türkische Kultur und Sprache gewonnen zu haben. Ohne Zweifel ist dies eine Form des Reichtums, können wir doch die beiden, oft so verschiedenen Kulturen verstehen und hier und da auch helfen, sie miteinander in Berührung zu bringen. Manchmal ist es aber auch schwer für uns, weder hier noch dort richtig verwurzelt zu sein, weder in unserem Herkunftsland Deutschland bzw. Österreich noch in der Türkei, die uns mindestens über die Jahre zu einer zweiten Heimat geworden ist. Auch davon wird ja hier zu reden sein. Im Blick auf einen irdischen Lebensmittelpunkt sind wir derzeit ohne „Roots" und leben zwischen den Kulturen.

Freud und Leid des kulturellen Reichtums haben wir auf der anderen Seite als Beispiel zuletzt wieder in den zurückliegenden Weihnachtsferien erfahren. Trotz Schneechaos in Deutschland, Umbuchung am Flughafen Düsseldorf und verspäteter Ankunft in Izmir ohne Koffer sah ich mich bereits in den ersten Stunden unseres Aufenthalts in der Türkei für die etwas mühevolle Anreise entschädigt. Das trotz der inzwischen vorgerückten Stunde am Abend pulsierende Leben der Großstadt, die noch geöffneten vielen kleinen Läden, das Flair des Orients und die eher lockere Handhabung des täglichen Lebens faszinieren mich immer wieder aufs Neue. Der Kleinbus, der uns zum großen Busbahnhof der Millionenstadt brachte, fuhr uns durch die einzelnen, z.T. älteren Teile der Stadt. Ungefähr 45 Minuten dauerte die Fahrt und führte uns vorbei an den uns bekannten kleinen Geschäften, Teehäusern, öffentlichen Plätzen und mehr oder weniger strukturierten Wohnsiedlungen. Ich fühlte mich wohl und irgendwie zu Hause und sicherlich trug auch der Temperaturunterschied zum eher nasskalten Wetter in Deutschland noch etwas dazu bei. Hier in Izmir genügte es wieder einen Pullover anzuhaben, um warm genug gekleidet zu sein. Türkischer Tee wurde an manchen Stellen angeboten und hier und da draußen in kleinen Gruppen getrunken. Am Busbahnhof angekommen empfing uns die bekannte und große Eingangshalle, wir mussten nicht lange auf die Verbindung in unsere Stadt warten. Ungefähr drei Stunden sind es per Bus in den Südwesten des Landes. Inzwischen ist man in vielen türkischen Bussen dazu übergegangen, den Fahrgästen vor ihren Sitzen ein selbst wählbares, individuelles Fernseh- oder Spielprogramm anzubieten. Ich bin manches Mal erstaunt über den technischen Fortschritt im Land.

Wurzeln hier und dort

Unser Haus in Mugla haben wir ja behalten, es braucht nicht viele Handgriffe, es auch nach längerer Abwesenheit schnell wieder in Funktion und warm zu bekommen. Am nächsten Morgen nach unserer späten Ankunft nach Mitternacht und noch vor dem Frühstück begegnet Hanna beim gemeinsamen Brotholen einigen alten Klassenkameraden und wird von ihnen zur Schule „entführt". Ohne jede Schwierigkeit und meist mit ihrem Schulkleid angetan besucht sie mit ihren alten Freundinnen zusammen in den nächsten zwei Wochen den Unterricht der alten Schule. Ich liebe diese türkische Flexibilität und das manchmal sehr unbürokratisch-einfache Verhalten der verantwortlichen Autoritäten. In diesem Falle war Hanna sogar noch in ihrer alten Schule als Schülerin geführt worden und lediglich als solche vermerkt, die sich derzeit im Ausland aufhält... Sie verpasste in den kommenden Tagen kaum eine Unterrichtsstunde und genoss es in vollen Zügen, ganz ohne Prüfungsdruck und Leistungsstress mit den anderen zusammen die Schulbank zu drücken. Nach dem Unterricht nach Hause gekommen wusste sie hin und wieder von manchen Späßen zu berichten, die die Kinder miteinander und mit ihren Lehrern ausgeheckt hatten. Der Sportunterricht fiel wie auch manchmal früher schon aus und die Kinder konnten in dieser Zeit auf dem weiten Schulgelände herumtollen. Auch fanden sie wohl einen jungen Hund, der in einen Graben der Kanalisation geraten war, und versuchten ihn aus dieser misslichen Lage zu befreien.

Für uns Erwachsene war dies eine Zeit der vielen Begegnungen und manchmal gab es auch Dinge in unserem alten Umfeld zu regeln. Überall war man recht gerne gesehen und immer wieder fragen uns Einheimische, wann wir denn wieder zurückkehren würden. Der lokale Tennisverein hat in unmittelbarer Nähe unserer kleinen Siedlung ein größeres Gelände aufgebaut und auch hier konnten wir ohne jedes Problem gleich wieder als einmaliger Gast in den Übungsbetrieb mit hineingenommen werden. Den Jahreswechsel begingen wir mit alten Freunden. Ein großes Feuerwerk kennt man in unserer Stadt nicht, wurde von uns aber auch nicht groß vermisst. Die Kinder spielten noch nach Mitternacht draußen vor den Häusern und hatten mit einfachsten Dingen ihren Spaß daran.

Am nächsten Tag bereits, dem ersten im neuen Jahr, machten wir mit unseren Nachbarn einen Ausflug ans nahe Meer. Die warmen Sonnenstrahlen, das vor uns liegende Meer und die allgemein heitere bis ausgelassene Stimmung ließ uns zusätzlich wieder zu Hause fühlen. In einem unten am Meer weithin bekannten kleinen Ess-Lokal nahmen wir einen Toast zu uns, kombiniert mit klassischem Ayran. Auch hier trafen wir alte Freunde, die inzwischen zu einer kleinen Familie gewachsen sind.

In den folgenden Tagen lernten wir neue Nachbarn kennen, trafen mit Ekrem Usta und seiner Familie zusammen und genossen die Tage mit Sonnenschein und Wiedersehen von alten Bekannten in ihren Häusern oder auch in der Stadt. Auch der orientalische Bazar faszinierte uns wieder und trug mit den bekannten Farben und Gerüchen zu unserem Wohlfühlen bei.

Das Schwierige bei solchen Zeiten in wechselnden Kulturen ist dann, dass es ja irgendwann auch wieder Abschied nehmen heißt. Für Hanna bedeutet dies jeweils das Verlassen ihrer alten Freundinnen und immer noch gewohnten Umgebung. Hier ist sie aufgewachsen und hat sie den größten Teil ihrer Kindheit verbracht. Mit zwei ihrer besten Freundinnen traf sie die Vereinbarung, beim Sehen eines am Nachthimmel deutlich hervortretenden Dreier-Sternbildes aneinander zu denken. Miteinander einen engen Kreis bildend kam für die drei vor unserem Haus die Stunde des Abschieds und bald danach befanden wir uns mit dem Auto unserer Nachbarn auf dem Rückweg zum Flughafen. In der ersten Nacht wieder „zu Hause" in Deutschland weinte Hanna sich dann in den Schlaf, vielleicht nicht nur im Blick auf ihre nun wieder mehr als dreitausend Kilometer von ihr entfernten besten Freundinnen, sondern auch im Blick auf den von ihr immer wieder empfundenen hohen Leistungsdruck am deutschen Gymnasium.

Ja, kultureller Reichtum hat seinen Preis. Und wie auch zuvor am Beispiel der nach Deutschland eingewanderten, türkischen Familie aufgezeigt, ist es für die Beteiligten ungeheuer schwer, in zwei verschiedenen Kulturen zu leben und zu Hause zu sein. Es bedeutet ein immer wieder kehrendes Abschiednehmen, Eintauchen in eine andere Kultur und Rückkehr zu Altgewohntem und doch wieder Neuem.

Inzwischen stehe ich wieder kurz vor unserem Rückflug nach Deutschland. Ein recht kurzer, aber intensiver Aufenthalt in Istanbul und Antalya liegt hinter uns. Mein mitgereister deutscher Freund, der mich in der letzten Woche um Hilfe bat, setzt gerade seine Dokumentation des heute Morgen mit einem türkischen Rechtsanwalt geführten Gespräches auf. Er ist sichtlich erleichtert, diese Geschäftssache mit nicht geringer Bedeutung für seine Firma hinter sich gebracht zu haben. Unsere Begegnung mit dem Anwalt erinnerte mich an einige der früheren Begegnungen mit Behörden in der Türkei, für meinen Freund lagen sicherlich einige Überraschungsmomente darin. Wahrscheinlich hatte er nicht vermutet, dass sich die Sache hier in der Türkei auf eine solch einfache Art und Weise regeln ließe. Wichtiger fast als die vielen Seiten mitgebrachter Dokumentation schien dem schon etwas älteren Anwalt die Beziehung zu seinen extra für diese Konsultation eingeflogenen Gästen. Dass der Anwalt uns dann gegen Ende unserer gemeinsamen Zeit auch noch zu einem Mittagessen in der Kanzlei einlud, hat dann aber sogar mich noch überraschen können.

Zwischendurch lud ich meinen Freund zu einem kleinen Rundgang am Rande des Stadtzentrums von Antalya ein. Wir passierten einige am Meer gelegene Grünzonen, durchschritten belebte Einkaufsstraßen und staunten über die über dem Mittelmeer herausragenden schneebedeckten Berge des nahen Taurus Gebirges. In einem der vielen Teegärten der Stadt ließen wir unsere Seele etwas baumeln und von den vorherigen Anspannungen ausruhen. Wir sprachen über das selbst hier in der Großstadt verglichen mit Deutschland offensichtlich langsamere Lebenstempo. Auch schien uns die sogar jetzt im Februar recht warm scheinende Sonne einen Unterschied im Gemüt der Menschen zu machen. Das freundliche Angebot des Anwalts, uns zum Flughafen fahren zu lassen, nahmen wir dann doch noch an. Unterwegs sprach ich recht lange mit dem Mitarbeiter der Büros, den der Anwalt mit dieser Fahrt beauftragte. Nach seiner Nationalität befragt antwortete der, dass er Bosnier sei. Er war wohl zuvor mit einer Deutschen verheiratet und lebte mit ihr für eine kurze Zeit in Augsburg. Jedoch schaffte er es wohl nicht, sich dort in Deutschland zu Hause zu fühlen. Zu kühl war es ihm dort, sowohl vom Klima als auch im Blick auf die zwischenmenschlichen Beziehungen. Zwar habe sein offensichtlich gut gestellter Schwiegervater ihm ein gutes Auto gestellt und war auch sonst gut zu ihm, aber das alles konnte wohl die gefühlte Kälte nicht ausgleichen. Nur arbeiten, schlafen, essen und fernsehen sei nichts für ihn gewesen. Er habe seiner Frau angeboten, mit ihm in die Türkei zu gehen. Der aber war dann wohl die finanzielle Sicherheit in Deutschland wichtiger und die beiden seien jetzt geschieden.

Und so machen wir uns dann gleich wieder auf in einen anderen Kontinent und eine andere Welt. Etwas mehr als drei Stunden Flugzeit lassen uns überbrücken, was eigentlich menschlich und kulturell gesehen kaum zu überbrücken ist.

4. „Roots"?

Manchmal habe ich mich in meinem Leben gefragt, warum ich gerade zur Stadt und Provinz Mugla so eine innige Beziehung entwickelt habe und mich dort nach wie vor wohl und heimisch fühle. Ich wüsste auch heute noch keinen anderen Landstrich auf dieser Welt, in dem ich lieber wohnen würde.

Einen möglichen Hinweis auf diese Frage erhielt ich vor etwas mehr als zwei Jahren durch einen guten Freund aus der Schweiz, der so wie wir auch mit seiner Familie in der Türkei lebte. Er machte mich auf ein im Oktober 2005 durch die Provinzregierung Mugla herausgegebenes Buch aufmerksam. Dort wird neben den vielen Sehenswürdigkeiten der einzelnen Provinzstädte und Badeorte in einem einleitenden Teil auf die Geschichte dieses Teils der heutigen türkischen Republik eingegangen. Danach hieß dieser türkische Landstrich im äußersten Südwesten Asiens zuvor „Karia" und die Ureinwohner des Landes waren die sogenannten „Luviler". Streicht man hier die türkische Plural-Endung, so bleibt als Wortstamm etwas übrig, das eng in Verbindung stehen könnte mit dem Namen meiner Ursprungsfamilie – Louven. Schien dies damals noch etwas sehr weit hergeholt, erinnerte ich mich jedoch später daran, dass meine Großmutter väterlicherseits mir einmal in einem Gespräch gesagt hatte, dass unser Familienname ursprünglich einmal anders geschrieben und aufgrund irgendwelcher Umstände auf dem Standesamt verändert worden sei.

Mich dieser Dinge erinnernd und mit den für mich interessanten Aufzeichnungen der Provinzregierung Mugla im Rücken, studierte ich dann in Deutschland einmal die noch im früheren Wohnhaus meiner Großeltern aufbewahrten Stammbücher mancher Vorfahren. Und tatsächlich: Schon zu Lebzeiten meines Urgroßvaters fanden sich Aufzeichnungen von Familienmitgliedern, die ihren Nachnamen nicht Louven, sondern Luven führten – also genau die Schreibweise, die auch für die Ureinwohner der Provinz Mugla, unserer zweiten Heimat, benutzt wurde.

197

Sollten wir etwa als Familie durch unsere ca. 2000 Jahre spätere Migration in die Türkei vielleicht genau an den Ort unserer Vorfahren zurückgekehrt sein? Nun, zumindest habe ich schon von frühen Völkerwanderungen gehört, bei denen Menschen aus der jetzigen Türkei kommend in nördlichere Regionen gezogen sind.

Aber diese Verbindung kann natürlich nur eine Vermutung sein und wird es wahrscheinlich auch für uns in dieser Welt bleiben. Es könnte eine von den Führungen und Fügungen sein, die über unser menschliches Verstehen hinausgehen. Vielleicht eine von denen, die ein in unserer fast vergessenen abendländisch-christlichen Tradition früher einmal sehr beachteter Schreiber so formulierte:

„Denn meine Gedanken sind nicht eure Gedanken, und eure Wege sind nicht meine Wege, spricht der HERR. Denn (so viel) der Himmel höher ist als die Erde, so sind meine Wege höher als eure Wege und meine Gedanken als eure Gedanken." (Jesaja 55,8–9)

Nachwort von Dr. Antonietta Zeoli
(Landeskoordinatorin des Netzwerkes der Lehrer
mit Zuwanderungsgeschichte NRW)

Gerne komme ich der Bitte des Autors nach und schreibe ein „Nach-Wort." Ein Wort, das nach allen anderen Texten und Worten steht. Welches „Nach-Wort" könnte das sein? Vor diesem steht die Begegnung mit dem Menschen und seinen Bedürfnissen, Erwartungen, Sorgen und Wünschen.

Als Landeskoordinatorin der Lehrkräfte mit Migrationshintergrund des Landes Nordrhein-Westfalen schenken mir die Menschen, die sich in diesem derzeit knapp 500 Menschen starken Netzwerk engagieren möchten, Geschichten. Sie nehmen mich ein Stück mit in ihrer Biografie und offenbaren einer zunächst fremden Person ihre ganz persönlichen Erfahrungen im Bereich der Zuwanderung. Lehrkräfte mit einer nicht deutschen Geschichte sind besondere Lehrerinnen und Lehrer. Ihre bilinguale Erziehung sowie bi-kulturelle Milieuerfahrung eröffnen jedem Gesprächspartner eine neue unentdeckte Welt, von der ich, wäre ich nicht Landeskoordinatorin, wohl kaum erfahren hätte.

Migration – Wanderung – bedeutet immer auch Abfahren, Abschiednehmen, aber auch Ankommen. Es beinhaltet Begegnungen auf dem Weg machen und stets die Entscheidung treffen zu müssen, Menschen zu vergessen oder sich dieser zu erinnern.

Erinnerungen an die Welt der zugewanderten Eltern und oftmals an die eigene Kindheit sind selten kompatibel mit der deutschen Umgebung. Schnell versteht man, dass Integration das Einüben deutscher Musterverhalten ist und nicht zwingend Annahme der hierzulande herrschenden sogenannten Leitkultur. Schulischer und beruflicher Erfolg ist eng verknüpft mit der Annahme des Verhaltenskodexes in diesem Land.

In meiner ersten Begegnung mit dem Autor wurde mir deutlich, dass Einstellungen vor Tatsachen stehen müssen. Er brachte mir bei, weniger ethnisierend zu denken. Was eine Gruppe von Menschen interkulturell sein lässt, ist nicht, dass sie sich der einen oder anderen Staatsangehörigkeit zuordnet, sondern die Fähigkeit und den Mut, die gemeinsame Erfahrung in und um Zuwanderung zu teilen. Daher gehört er zu unserem Netzwerk wie jeder andere Kollege mit Zuwanderungsgeschichte auch.

Wie ein „Nach-Wort" *nach* einer Geschichte stehen sollte, kann Migrationserfahrung *vor* der Annahme eines authentischen Vorbildes für alle Lernerinnen und Lerner stehen. Es ist nicht wichtig, wie Lebensgeschichten verlaufen. Dies hängt oftmals von Zufälligkeiten ab. Was diese Geschichten mit uns in unserem familiären und sozialen Gefüge machen, ist das entscheidende. Diese Einsicht hat mich Hans-Jürgen gelehrt.

Hans-Jürgen ist keine Lehrkraft mit Migrationshintergrund – er ist Lehrer mit einer Geschichte der Zuwanderung, die er uns zuvor erzählt hat. Er hat Migrationsbiografien erlebt, ohne selbst eine zu haben. Dies macht ihn zu einem Mann, der sich zweifelsohne in all jene Lernerinnen und Lerner versetzten kann, die eben nicht schon immer in Deutschland zu Hause waren.

Danke, mein wundervoller deutsch-türkischer Freund, dass du mich ein Stück in deiner Geschichte mitgenommen hast!